UN VOYAGE

DANS

LE HAUT SÉNÉGAL

DESCRIPTION DU FLEUVE

PAR

AUGUSTE FORET

Ancien chef du service de l'Imprimerie du Gouvernement du Sénégal
Ancien rédacteur en chef du *Réveil*, Propriétaire du *Petit Sénégalais*.

EN VENTE

A PARIS
Chez CHALLAMEL et Cᴵᴱ
LIBRAIRIE COLONIALE
5, Rue Jacob.

A SAINT-LOUIS
Chez M. HERGAUT
LIBRAIRIE SÉNÉGALAISE
Rue Blanchot.

1888

UN VOYAGE

DANS

LE HAUT SÉNÉGAL

ANGERS, IMP. A. BURDIN ET Cie, RUE GARNIER, 4.

UN VOYAGE

DANS

LE HAUT SÉNÉGAL

DESCRIPTION DU FLEUVE

PAR

AUGUSTE FORET

Ancien chef du service de l'Imprimerie du Gouvernement du Sénégal
Ancien rédacteur en chef du *Réveil*, Propriétaire du *Petit Sénégalais*.

EN VENTE

A PARIS	A SAINT-LOUIS
Chez CHALLAMEL et Cᴵᴱ	Chez M. HERGAUT
LIBRAIRIE COLONIALE	LIBRAIRIE SÉNÉGALAISE
5, Rue Jacob.	Rue Blanchot.

1888

A M. ÉLISÉE RECLUS

Ce petit ouvrage est dédié par son très dévoué et très respectueux

Aug. FORET.

INTRODUCTION

Il a été beaucoup dit et aussi beaucoup écrit sur le haut Sénégal, ce pays si peu connu des habitants de la métropole. Il est et sera longtemps encore une source inépuisable d'études pour les écrivains. De hardis voyageurs tentèrent longtemps en vain de surmonter les obstacles qu'opposaient à leur exploration et le désert et le climat. Les annales des voyages célèbres conserveront, en rendant à leur courage un tribut mérité d'éloges, les noms de Ledyard, de Houghton, de Mungo-Park, de l'infortuné major Laing, de Clapperton, qui devait voir le Niger et y trouver un tombeau ; de Caillé, qui, muni de son seul courage, fit ce que tous les trésors de l'Angleterre n'avaient pu obtenir, et pénétra, en 1828, jusqu'à cette cité mystérieuse, Timbouctou, et fut le premier des Européens qui revint sain et sauf d'un aussi périlleux voyage ; des frères Richard et John Lander, de Barth, de Lenz, de Marius Moustier, qui a découvert les sources du Niger et qui, réduit à la plus extrême misère, s'est suicidé l'année dernière à Fuveau ; de Paul Soleillet, qui vit le Niger, mais fut empêché par Ahmadou-Segou de se diriger sur Timbouctou ; et de bien d'autres pionniers de la civilisation pacifique.

Mais je ne crois pas, — j'ai fait de vaines recherches à ce sujet, — qu'aucun explorateur se soit attaché à décrire le fleuve au point de vue de la navigation, des nombreux accidents qui se présentent sur son parcours depuis Saint-Louis jusqu'à Médine et aux chutes du Félou.

Quelques études excellentes ont bien été faites par des hommes compétents en la matière, appartenant pour la plupart à notre marine nationale, tels que les articles de M. Braouëzec, de la *Revue maritime et coloniale* (janvier et février 1861), mais le public les connaît peu.

Aujourd'hui que la curiosité des Européens les attire vers cet hémisphère, que notre domination va s'étendre, que notre commerce va se frayer une nouvelle voie dans ces régions inconnues du Niger, un ouvrage descriptif du fleuve Sénégal, route naturelle pour se rendre à Timbouctou, fait absolument défaut.

Au moment où j'allais entreprendre un voyage jusqu'aux chutes du Félou, j'ai été frappé de cette lacune, que je me suis promis de combler dans la mesure de mes moyens et de mes connaissances, en recueillant aux sources mêmes tous les renseignements nécessaires à ce travail.

Dans cet ouvrage, j'ai consigné quelques impressions de voyage, quelques études de mœurs, quelques récits que j'ai recueillis sur les lieux. Mais je me suis surtout attaché à relever les fonds, les roches, les passages et les coudes du fleuve Sénégal, ainsi que les noms des villages qui bordent les deux rives.

J'ai pensé que ces renseignements inédits, donnés d'après des pilotes expérimentés par une longue navigation dans le fleuve, pourraient avoir de l'intérêt pour les voyageurs.

Être utile : ce travail n'a pas d'autre prétention.

Saint-Louis, décembre 1887.

UN VOYAGE

DANS LE HAUT SÉNÉGAL

Le 25 juillet dernier, à dix heures du matin, par un temps magnifique et une légère brise du nord, le steamer *Falémé*, libre de toute amarre, fait route pour Kayes, siège du gouvernement du Soudan français, ayant à son bord une dizaine de passagers européens.

La plupart d'entre nous ne connaissent le haut Sénégal que par les récits d'auteurs en chambre ou qui ne l'ont visité qu'en partie. Ces fantaisies littéraires brodent sur les mœurs et le caractère des indigènes des récits absolument faux, comme nous avons pu le constater pour le bas Sénégal.

A peine sommes-nous en marche, en face de Bop-N'Kior, que le capitaine Larroque nous appelle à table. A partir de ce moment, nos occupations ne varieront guère : manger, boire et dormir seront les principales.

La légère brise que nous avons au départ se maintient pendant tout le temps que dure notre premier repas ; elle est fort agréable et nous fait bien augurer du temps pour le cours de notre voyage.

DESCRIPTION DU FLEUVE [1]

Le Sénégal proprement dit commence à Bafoulabé, au confluent des deux grandes rivières Bafing et Bakhoy. Il se jette dans l'océan Atlantique, à 16 kilomètres en aval de Saint-Louis. Il a environ 1,600 à 1,700 kilomètres de cours.

Généralement, la largeur moyenne du fleuve varie de 300 à 500 mètres, et elle s'accroît peu en se rapprochant de son embouchure. Entre Podor et Saldé, c'est-à-dire dans le parcours où le fleuve se divise en deux bras, formant l'île à Morphil (ivoire ; ce nom provient des chasses d'éléphants que les noirs y faisaient autrefois), la largeur, dans le grand bras, est sensiblement moindre et n'atteint pas 100 mètres sur divers points. Sur le petit bras, autrement dit le marigot de Doué, elle est encore plus faible : sa profondeur, excepté sur les barrages, c'est-à-dire les endroits où se trouvent des agglomérations de sable, de vase ou de roches qui rendent la navigation difficile, sa profondeur, dis-je, est assez considérable ; ainsi, il y a des fonds de 25 à 30 mètres. A Saint-Louis, les fonds ne sont que de 8 à 10 mètres environ.

[1] Un ouvrage très utile, le plus complet qui ait été fait jusqu'à ce jour, se recommande aux voyageurs au Sénégal : c'est la *Carte du Sénégal et dépendances*, contenant plusieurs annexes, entre autres celle du parcours du fleuve, ses courants, ses coudes, ses fonds. Cette carte donne aussi, bien détaillés, les villages placés sur la ligne du chemin de fer de Dakar à Saint-Louis.
Elle paraîtra prochainement chez MM. Challamel et Cie, libraires-éditeurs, rue Jacob, à Paris, et à la Librairie Sénégalaise, rues de France et Blanchot, à Saint-Louis (Sénégal).

Jusqu'au poste de Podor, on ne rencontre aucun endroit dangereux ; la navigation, de jour ou de nuit, est toujours facile et offre toute sécurité pour les bâtiments naviguant sans remorque et possédant de bonnes qualités d'évolution ; les pilotes n'ont à se préoccuper que d'un banc de sable à l'extrémité est de l'île de Todd. Mais au-dessus de Podor, les difficultés deviennent fréquentes ; la largeur du fleuve, jusque-là uniforme, se rétrécit beaucoup ; on rencontre des coudes tellement vifs que les navires qui évoluent le mieux sont souvent obligés de mouiller pour les franchir, et la manœuvre est rendue laborieuse par les violents remous du courant. C'est alors surtout que le navigateur reconnaît la nécessité d'avoir de bons pilotes, c'est-à-dire des marins indigènes connaissant parfaitement leur fleuve. A notre voyage, nos pilotes sont les nommés Tiécouta, Alphonse et Fary ; ils se remplacent à tour de rôle, toutes les quatre heures, jour et nuit, car, au contraire des bâtiments de l'État qui mouillent au coucher du soleil jusqu'à l'aurore, nous n'interrompons pas notre route pendant la nuit.

Le steamer *Falémé* est le deuxième bâtiment du commerce quittant Saint-Louis, cette année, pour remonter le fleuve jusqu'à Kayes ; le premier est l'*Anna*, petit remorqueur parti le 14 du même mois de juillet, douze jours avant nous ; il effectuait son premier voyage. Nous n'avons mis que cinq jours pour arriver à Bakel, point de traite où nous retrouvons l'*Anna*, le 30 du courant. Ce résultat fait honneur à nos pilotes et aux qualités de construction de la *Falémé*.

A part une légère tornade que nous essuyons peu avant d'arriver au fort de Matam, le temps s'est maintenu favorable. Nous avons toujours un frais zéphyr qui nous fait supporter sans trop de gêne la grande chaleur de ces contrées; les nuits, qui sont fraîches et sans humidité, nous permettent de dormir sur le pont et, chose rare, les moustiques sont peu nombreux.

Le capitaine Larroque, un vieux loup de mer, qui a fait les voyages du Sénégal pendant quinze ou seize ans, nous égaye, au dessert, par des histoires de marins fort amusantes. Sa cabine est un véritable arsenal de fusils qu'il met gracieusement, ainsi que les munitions, à la disposition des passagers. Quelques-uns parmi nous sont munis d'excellents fusils de chasse et de guerre; nous avons deux Winchester à répétition, un à cinq balles, l'autre à quinze; les caïmans, les hippopotames, les fauves trop altérés qui viendront boire au fleuve à notre passage, les oiseaux de proie n'ont qu'à se bien tenir sur leurs gardes, car chacun de nous compte faire de nombreuses victimes. Tous les yeux fouillent les berges, mais, hélas! sans jamais rien apercevoir. Les eaux sont trop hautes, nous disent les pilotes; les caïmans ne peuvent venir sur les berges se vautrer dans la vase et y dormir pendant la chaleur. L'ardeur des chasseurs se tourne alors contre les oiseaux de proie, qui ne manquent pas; contre les pauvres singes qui gambadent sur les bords du fleuve, en nous faisant toutes sortes de grimaces très comiques. Il en est ainsi jusqu'au poste de Podor.

Le capitaine, qui craint de voir ses passagers s'ennuyer, les entretient dans l'espérance qu'à partir de Podor ils auront de quoi satisfaire leurs désirs ; quelquefois même, en sourdine, il bourre un de ses fusils *nouveau modèle* (1815 au moins), tire sur un prétendu caïman, et nous dit avec sang-froid en se tournant vers nous :

— L'avez-vous vu ?

— Non, capitaine.

— Je crois que je l'ai touché.

— Faites stopper, capitaine.

— J'en ai bien envie, car jamais je n'en ai vu un aussi gros et aussi long.

Une fois, deux fois, le capitaine a joué ce tour avec succès.

C'est près des pilotes qu'est ma place de prédilection. Ces braves se font un grand plaisir de répondre à toutes les questions et quoiqu'ils s'expriment assez difficilement en français, ils arrivent néanmoins à se faire comprendre. Ils aiment voir les passagers s'amuser, et ils sont les premiers à signaler la présence d'un caïman dormant à la surface des eaux, d'un hippopotame ou de tout autre animal. C'est d'eux que je tire les renseignements qui font la base de cet ouvrage.

A part quelques coudes vifs, quelques passages assez difficiles en certaine saison, qu'on franchit en toute sécurité pendant le jour, après sondages, lorsque la hauteur des eaux les rend dangereux, le fleuve n'offre aucun danger sérieux pour les bâtiments. Mais, assurément, la navigation en est laborieuse et demande une grande attention et de la prudence de la part des pilotes ; sans cela, la nuit, on risque d'être jeté à la berge ou même d'échouer. Ces petits accidents n'occasionnent jamais de bien grosses avaries, seulement les retards qu'ils entraînent peuvent être très préjudiciables aux négociants.

Le plus à craindre c'est d'échouer pendant la baisse des eaux et d'être surpris par la décroissance subite du fleuve, car alors on risque de rester à sec pendant toute la saison des basses eaux, comme c'est déjà arrivé au *Basilic*; ce bâtiment est resté huit mois échoué au milieu des herbes qui poussent très vite et très hautes aussitôt après la disparition des eaux.

L'époque la moins favorable pour entreprendre un voyage dans le haut fleuve est le mois de juillet, au début de la crue; les eaux étant peu élevées, les courants sont très violents. Ainsi, en se plaçant à ce point de vue, le dernier voyage de la saison, vers la fin août, est plus facile pour la navigation, surtout entre Matam et Bakel, parce qu'à cette époque de l'année les courants se font moins sentir et que l'on a peu à redouter les remous dans les nombreux coudes qui existent entre ces deux points. Pour un vapeur qui remorque un ou plusieurs chalands, les difficultés s'accroissent naturellement et la navigation devient généralement pénible; bien souvent il faut décharger une partie de la marchandise sur la berge pour alléger le navire au passage de certains barrages; on en compte près de quarante entre Mafou et Bakel.

Dans les nomenclatures des points intermédiaires qui vont suivre, le lecteur pourra voir à quel endroit au juste est la difficulté à éviter, soit bancs de sable, soit roches ou coudes. Il y a quelques villages dont le point exact n'est pas relevé, ce sont des agglomérations nouvelles et pour ainsi dire les unes sur les autres.

Quoique la *Falémé* n'ait pas fait escale à Richard-Toll, je relève à bord quelques renseignements sur la navigation de Saint-Louis à ce poste, qui trouvent naturellement leur place ici. La population de Richard-Toll est d'environ sept cents habitants.

L'orthographe des noms des villages est très variable : j'ai essayé de leur donner l'appellation qui me paraît la plus employée. Quelques noms sont d'origine anglaise.

DE SAINT-LOUIS A RICHARD-TOLL
(78 milles).

POINTS INTERMÉDIAIRES

Milles.

Bop N'Kior.	1 »
Marigot de Lampsar	3 »
Ile aux Bois.	4 5
Maka.	15 »
Ile N'Tieng (pointe sud).	21 5
— (pointe nord).	26 5
Marigot Gorum.	27 »
— Ouallalan.	32 4
— Maringouins ou N'Diadier	38 »
— au Sel.	40 »
Ile aux Caïmans ou Dackal	43 7
Khan, village	48 2
Guiaouar, village.	51 4
Ronq, village.	56 8
Marigot Gorum (confluent supérieur) . . .	58 8
Brenn, village.	63 »
Dickten.	66 »
Tiagar, village.	67 »
Roço (vieux fort en ruines)	70 8
Marigot de Garack (rive droite).	71 8
Embouchure de la Taouey.	78 »

Le poste de Richard-Toll (Jardin de Richard), construit sur les bords de la Taouey, est situé à quinze cents mètres du fleuve. Les bâtiments du commerce, qui montent à Kayes, n'y font jamais escale. Pour communiquer avec le poste, il faut mouiller dans le fleuve. A l'embouchure de la Taouey se trouve un banc de sable dont les limites sont variables et qui occupe la plus grande partie du fleuve. A une centaine de mètres en aval, on aperçoit trois grands fromagers très remarquables, vis-à-vis des ruines d'une ancienne indigoterie. On trouve à cet endroit l'eau à toucher terre.

Ces détails sont empruntés à l'ouvrage de M. Chouvel-Beloir, enseigne de vaisseau, second de l'aviso l'*Arabe*, en 1878.

DE RICHARD-TOLL A DAGANA
(12 milles).

POINTS INTERMÉDIAIRES

	Milles.	
Ile Todd	4	8
— (extrémité Est).	7	2
N'Guidakhar, village.	7	5
M'Bilor, village.	8	»
Dagana, poste.	12	»

L'aspect des rives est un peu moins monotone ; elles sont plus boisées, plus agréables à l'œil ; elles s'élèvent sensiblement pendant la saison sèche.

Près de Dagana, sur la rive des Maures, au pied d'un bouquet d'arbres, les pilotes nous indiquent l'endroit où l'assassin du roi des Trarzas Ély, Hamet Fall son neveu, a été détrôné, tué et enterré par les partisans d'Amar-Saloum, frère et successeur d'Ély-oul-Mohammed.

Depuis quinze ans, Ély était roi des Trarzas, et la France n'avait eu avec lui que des relations pacifiques. Il est curieux de connaître comment sont morts l'oncle et le neveu.

Depuis longtemps, on prévenait Ély-oul-Mohammed des menaces de mort de ses neveux qu'il avait élevés depuis l'âge de cinq ans. Il n'avait jamais voulu croire à une pareille ingratitude de leur part. Un jour qu'ils le virent seul sous sa tente, ils lui envoyèrent des *pourognes*, pour le tuer. (Les *pourognes* sont des bohémiens n'appartenant à aucune tribu et suivant généralement les Trarzas dans leurs pérégrinations.) Ces derniers arrivèrent jusque devant sa tente et, soit frayeur, soit remords, revinrent sur leurs pas. Alors les neveux d'Ély, qui étaient aux aguets, se précipitèrent sur leur oncle et tirèrent sur lui. Ils tuèrent aussi sa femme et un fils âgé de trois ans. Ceci se passait le 28 septembre 1886.

Une partie des sujets d'Ély proclamèrent roi Hamet-Fall. C'était la guerre civile entre les partisans du nouveau roi et ceux d'Amar-Saloum, frère d'Ély. Elle ne devait finir que par la mort de l'un ou de l'autre. La lutte ne fut pas favorable à l'assassin de l'ancien roi, ses partisans furent battus et lui fut réduit, au bout de quelques mois, à venir demander l'*aman* à Amar-Saloum.

Les marabouts, depuis longtemps, conseillaient à Hamet-Fall de se soumettre, mais il refusait toujours. Enfin, il se résigna, et vint lui-même, accompagné de deux de ses esclaves, dans une tribu voisine de celle d'Amar-Saloum, et là, il lui demanda l'*aman*. Mais comme il portait toujours le pantalon et le boubou blancs, privilège du roi des Trarzas, on lui fit dire de les abandonner; il refusa. Le 14 mars 1887, je crois, à huit heures du soir, deux Maures Trarzas, dépêchés par un des fils du feu roi Ély, lui tirèrent à bout portant deux coups de feu, et un troisième lui plongea un poignard dans le cœur.

Amar-Saloum, frère du feu roi Ély, est aujourd'hui roi des Trarzas, et le pays paraît jouir d'une paix durable, bien nécessaire à nos intérêts commerciaux.

A l'extrémité est de l'île Todd, existe un banc de sable très étendu qui barre tout le fleuve. Il y a un passage dans lequel, au minimum, on trouve 2^m,70 d'eau, mais il est très étroit et assez difficile. De M'Bilor à Dagana, le fleuve, à son milieu, a 3 à 4 mètres d'eau pendant la saison sèche. A un mille en aval de Dagana, sur la rive gauche, existe à 8 mètres de cette rive, un petit banc (une *bosse*, disent les capitaines de rivières), sur lequel, pendant la sécheresse, il ne reste que 1^m,30 d'eau. Cette partie du fleuve est celle qui en a le moins.

En tout temps on peut mouiller à Dagana, près de la rive gauche.

Nous arrivons à ce poste le 26 juillet, à sept heures et demie du matin. A huit heures quarante-cinq, nous le quittons. Je n'ai fait que l'entrevoir. Le peu que j'en ai aperçu n'est pas très gai : les quais du poste, l'escalier qui y conduit, quelques maisons particulières, me paraissent en ruines. L'entrée du poste fait pitié à voir. A un coin du quai, en amont, un reste de maçonnerie informe sert à fixer un drapeau tricolore. Ces ruines ressemblent, à s'y tromper, à celles d'un fortin ayant subi un douloureux bombardement. On m'affirme qu'il n'en est pas ainsi dans l'intérieur de la ville, qu'elle est bien construite et qu'elle offre un tout autre aspect.

Je regrette de ne pouvoir étudier Dagana de plus près et plus longuement. La population est de quatre à cinq mille habitants.

DE DAGANA A PODOR
(51 milles).

POINTS INTERMÉDIAIRES

	Milles.	
Marigot Sokham (issue du lac Cayar)	2	»
— Guédaya	5	»
Gaé, village	6	7
Marigot Morghen (R. D.), ou de Koundy	8	2
Bokhol, village	11	2
Marigot Fanaye (R. G.)	19	7
Fanaye, village	21	5
Ile Lamenayo (pointe O.), île boisée	31	1
— (pointe E.)	32	6
Niourguel (vieux poste en ruines)	37	»
Gorko-Kotel, village	37	5
Keur-Birahim, village	38	»
Loboudou-Doué, village	39	»
Marigot de Doué ou d'Aéré	40	»
Doué, village (coudes)	41	5
N'Gaoulé, village	45	»
Podor, poste	51	»

Les berges, sur la rive droite, continuent à être boisées sans interruption, à perte de vue. La végétation paraît très luxuriante ; on aperçoit de loin en loin, dans les plaines, de forts troupeaux de moutons et de chèvres.

De Dagana à Podor, la navigation est facile ; aucun barrage à craindre ; la seule difficulté est levée quand on a passé les coudes de Doué. A Podor, les berges atteignent 8 et 9 mètres d'élévation pendant la saison sèche. A une distance de 4 à 5 milles, sur la rive gauche, on remarque une chaîne de collines de 10 à 20 mètres.

Les villages de Gaé, Bokhol, Fanaye, sont situés à quelques mètres du fleuve, sur de petites hauteurs, à l'abri des inondations.

En arrivant à Podor, les bâtiments de l'État mouillent au milieu du fleuve, vis-à-vis du débarcadère du poste. Le Sénégal est peu large à cet endroit et présente environ 120 mètres aux basses eaux.

Nous arrivons à Podor à huit heures du soir, par une nuit très sombre qui ne permet de distinguer autre chose qu'un rideau de grands arbres, derrière lesquels est le poste. Nous le quittons à dix heures, le même jour, sans être descendus à terre ; nous pensions rester moins longtemps en rade.

Le fort a été construit en 1743. Il est administré par un commandant de cercle civil. Il a une petite garnison, commandée par un lieutenant d'infanterie de marine. Ce cercle renferme les villages de Podor, Doué, Dado, Souïman, Tiofi, Naolé, Foudéas, Diatal et Aéré. La population de Podor est d'environ douze cents habitants.

Podor est le point du bas Sénégal où la chaleur est la plus forte. On compte, pendant l'hivernage, jusqu'à soixante-quatre degrés au soleil.

DE PODOR A SALDÉ
(108 milles).

POINTS INTERMÉDIAIRES

Milles.

Diatal, village.	5	9
Maw, village	9	5
Marigot de Gayo (peu important).	10	7
Moktar Salam, village.	14	3
Coudes d'Ourdian (trois coudes).	21	6
Marigot d'Aloar, R. G. (sans importance)	30	»
Mafou, 1er barrage, fond de sable, roches plates.	34	»
Serpoli, 2e — — —	35	»
M'Barobé, 3e barrage (îlot), fond de sable, roches plates.	51	»
N'Orbosse ou Sinkia Aléïbé, village.	54	»
Coude d'Aléïbé.	60	1
Boki, village	63	6
Oualaldé, village.	69	8
Ourougandé, village.	72	3
Coude Timbéri.	74	»
Sarassouki, village.	78	»
Caskas (passage assez difficile), village.	82	»
Dounguel, village.	85	2
Djouldé-Diabé (barrage), village.	87	8
Bababé (barrage), village.	88	»
Fondé Eliman, village.	90	»
Tioulalèle, village.	93	»
Bitto, village.	»	»
Sourèye (coude), village.	95	»
Abdallah-Moktar (passage), village.	97	9
Ouallah (coudes), village.	98	7
Diaranguel, village.	»	»
Ouassatobé, village.	104	7
Saldé, poste (Tébécout), village.	108	»

Les postes de Podor et de Saldé sont très éloignés l'un de l'autre ; on compte une distance de 108 milles entre ces deux points.

L'aspect du terrain change complètement ; le fleuve est très étroit, enserré entre deux rives élevées de 5 à 6 mètres environ au moment de notre passage, et bien boisées ; cette végétation superbe empêche la vue de s'étendre. Jusqu'au village d'Aléïbé, la rive droite a l'apparence d'une épaisse forêt, mais en réalité la végétation n'y est touffue que sur les berges, car si l'on descend à terre, au delà d'un rideau de peu de profondeur, on ne voit plus que des arbres clairsemés et de vastes plaines marécageuses, envahies par des herbes atteignant parfois une hauteur de plus de 4 mètres.

De distance en distance, des clairières parsemées de gros troncs d'arbres, carbonisés par la foudre et les indigènes qui en brûlent beaucoup ; de nombreuses termitières qui se suivent en ligne de bataille sur un très grand espace, ressemblant à s'y méprendre à une ligne de fortifications ; ces termitières atteignent $2^m,50$ de haut et plus. On distingue des traces assez fréquentes d'hippopotames ; on rencontre des bandes de petits singes à la robe vert sombre ; des nuées de perruches et beaucoup d'oiseaux à beaux plumages, parmi lesquels deux espèces remarquables, le *petit cardinal* et la *veuve à longue queue*, tous deux multicolores.

A M'Barobé, nous apercevons à quelques centaines de mètres en avant de nous, un énorme hippopotame, à en juger par la grosseur de sa tête ; elle disparaît sous l'eau par instant pour reparaître quelques minutes après. Tous les passagers sont bientôt armés de leurs fusils, mais l'animal a sans doute flairé le danger, car il disparaît tout à coup, et nous ne le revoyons que bien loin derrière nous ; par acquit de conscience, nous lui tirons deux coups de fusil.

Cet incident nous a fait sortir de notre monotonie ordinaire, et devient le sujet de la conversation pendant le reste de la journée.

Les crocodiles pullulent d'ordinaire, dans ces contrées, pendant la saison des basses eaux ; ils se nourrissent de gros poissons qu'ils saisissent avec leurs longues et terribles mâchoires. Nous en rencontrons quelques-uns à la surface des eaux.

On trouve dans les environs de Podor une assez grande quantité de beaux arbres à bois dur. Il y a quelques roniers, bois excellent pour la construction des pilotis, et des baobabs, dont le fruit est appelé *pain de singe*, et qui sert aux noirs pour se guérir de la diarrhée. Les plus beaux baobabs se rencontrent dans le Cayor, du côté de Kébémer ; ils mesurent jusqu'à 35 pieds de haut sur 30 à 35 de diamètre et plus de 100 pieds de tour.

La rive gauche du Sénégal offre à peu près le même aspect que la rive droite. Mais du village de Moktar-Salam à celui de Sinkia-Aléïbé, on traverse un pays désert, que les naturels nomment *Grand Manding*. Au delà d'Aléïbé, les villages deviennent plus nombreux. Ils sont entourés de vastes *lougans* (champs de mil ou de maïs), bien cultivés, s'étendant très loin ; il y a quelque peu d'arachides.

La rive des Maures (rive droite), est moins boisée ; aucun village n'apparaît ; le terrain est bien plus plat, sauf au delà d'Aléïbé où on aperçoit, dans le sud, de petites collines qui sont sur la rive gauche du marigot de Doué.

Peu après le village de Moktar-Salam, nous rencontrons trois coudes successifs assez brusques, appelés coudes d'Ourdian. Quoique le fleuve ait peu de largeur à ces coudes, ils ne présentent cependant pas de difficultés sérieuses, sans doute parce qu'il n'y a pas de remous.

Un premier barrage de roches plates et fond de sable se rencontre à Mafou. Lorsque la crue atteint $0^m,50$ à Podor, il y a 2 mètres à $2^m,50$ à Mafou. Les amers sont peu reconnaissables, même pour les capitaines de rivières et les pilotes du fleuve. Il n'y a pas de chenal ; la profondeur du banc est à peu près uniforme dans toute la largeur du Sénégal.

Au village de Serpoli, nous trouvons un deuxième barrage à fond de sable et de roches plates. Il en est de même à M'Barobé, à 17 milles de Serpoli, où l'on rencontre un troisième barrage. Le point appelé M'Barobé est un îlot près duquel il faut passer, sans difficulté le jour, mais où le navigateur doit apporter une grande attention par les nuits sombres.

En amont, à 60 milles de Podor, le fleuve forme un coude très vif, celui que j'ai signalé plus haut, le coude d'Aléïbé. Vers juillet, au moment où les eaux ne sont pas encore bien hautes, le passage est très étroit, et la prudence commande de ne le franchir que de jour, afin de ne pas risquer d'être jeté par le courant sur la berge de la rive droite, qui est formée de sable dur. A la descente, dans ce coude, le courant suffit pour faire évoluer les bâtiments.

Il y a encore un autre coude assez brusque à Boki, village important, à 63 milles du poste de Podor, en face duquel, sur la rive maure, nous remarquons un fort village ou camp maure, composé en grande partie de *pourognes*. Tous ses habitants, hommes, femmes et enfants, sont sur la berge et nous regardent passer avec beaucoup d'attention ; les hommes et les femmes sont sales et mal vêtus ; les enfants, filles et garçons, sont nus comme vers et vont à l'eau comme canards ; le voisinage des caïmans leur paraît bien indifférent. Nous les attirons dans nos parages en leur montrant des biscuits ou du pain que nous leur jetons ; à chaque morceau qu'ils saisissent, ils poussent de véritables cris de satisfaction, car ils sont très friands de pain et de biscuit. Les noirs du fleuve aiment autant l'eau que ceux de la côte ; ces derniers, à chaque courrier, ne manquent jamais de venir autour du paquebot, en poussant les cris de : « Maman, deux sous ! » Pour une pièce de cinquante centimes, ils passent au-dessous du navire.

A Djouldé-Diabé, nous avons échoué. Nous arrivons à ce barrage à dix heures du soir par une nuit sombre, en avançant doucement. Nos pilotes sont tous les trois sur pied ; ils ne reconnaissent pas les amers ; nous échouons sur la rive gauche. Tout l'équipage est réveillé ; une embarcation est vivement armée, dirigée par un des pilotes, qui fait des sondages pour retrouver le chenal, et, au bout d'une heure et demie, le bâtiment revient à flot et fait machine en arrière vers la rive droite où se trouve la passe ; là, il échoue de nouveau. Enfin, après quatre heures de manœuvres, le pilote signale le chenal, la *Falémé* s'y engage en avançant doucement, et nous pouvons continuer notre route sur Saldé.

En quittant Djouldé-Diabé nous rencontrons d'abord à Bababé, un léger barrage; à Sourèye, un fort coude ; à Abdalah-Moktar, un passage à fond de sable et de vase, et à Ouallah, plusieurs coudes. Nous n'éprouvons aucune difficulté dans la navigation.

« Tébécout ! » crie le pilote. Tébécout, c'est l'endroit où est construit le poste de Saldé, où nous arrivons le 28 juillet, à dix heures du matin.

Malgré un soleil très ardent, nous nous empressons de mettre pied à terre, car chacun de nous sent le besoin de se dégourdir les jambes. Nous nous rendons au télégraphe, ce qui nous permet de visiter le fameux *pigeonnier de Saldé*.

Voici quelques renseignements que l'on me donne sur ce poste :

Le fort de Saldé a été surnommé *pigeonnier*, parce qu'autrefois les combles servaient de refuge à un nombre considérable de pigeons. Un beau jour la fantaisie d'un officier supérieur les fit détruire, par le simple motif qu' « *il n'aimait pas les pigeons, et que les soldats devaient avoir le même goût que lui !* »

Les combles du fort sont aujourd'hui le refuge de *milliers* de chauves-souris dont les déjections répandent dans tout le bâtiment une odeur nauséabonde qui incommode bien avant d'y entrer. Les pigeons valaient assurément mieux, à bien des points de vue.

Le poste de Saldé, construit sur le bord du fleuve, a la réputation d'être le plus malsain des postes du bas et du haut Sénégal. En effet, le fort est construit sur un terrain plat, marécageux et aride ; on ne voit guère, en fait de végétation, qu'un gros bouquet d'arbres à quelques mètres de là ; c'est le cimetière des noirs : celui des blancs est dans l'intérieur du poste. Dans tous les villages, les noirs choisissent toujours l'endroit le mieux situé, le plus boisé et à l'abri du soleil pour y enterrer leurs morts. Sur un pareil terrain, où les eaux restent longtemps stagnantes, le séjour ne peut qu'être néfaste aux Européens.

Le cercle, depuis la mort de M. Holle, commandant de cercle civil, est toujours administré par des commandants de cercle *provisoires*. Il a mille habitants.

Le poste de Saldé tire son nom d'un village situé à 4 milles en amont, au confluent du fleuve et du marigot de Doué ; le village où il est situé s'appelle Tébécout. Les indigènes et les habitants de Saint-Louis ne l'appellent jamais autrement. Pourquoi ce nom de Saldé et non celui de Tébécout ? Je pose la question sans la résoudre, personne n'ayant pu me donner une raison plausible de cette fantaisie.

Le fort n'a qu'un seul corps de bâtiment ; c'est une construction en maçonnerie à cinq pans ou plutôt à quatre pans et un pan coupé. Le département de la marine a décidé qu'une construction pareille figurerait à l'Exposition de 1889, avec une garnison de tirailleurs sénégalais ; des ouvriers indigènes, tisserands, bijoutiers, etc. ; quelques familles des naturels qui y conserveront leurs mœurs et leurs coutumes.

Quoique certainement intéressante, cette exhibition du Sénégal, en rose, ne rappellera pas le pays que nous connaissons avec son climat meurtrier, ses marais et ses fièvres !

A l'époque où nous passons à Saldé, le poste est

très bien tenu ; toutes les salles en sont très propres, ainsi que les cours et les cases servant au logement des tirailleurs sénégalais. Les cases, de forme ronde, sont alignées derrière le fort en se prolongeant sur la gauche. Elles sont construites en briques faites avec de la binitte et des excréments de bestiaux que les naturels mettent à durcir au soleil pendant quelques jours ; une fois le mur construit, ils passent dessus une couche liquide de la même composition, intérieurement et extérieurement. Le mur est peu haut, il a environ 1^m,50. Chaque case a une ouverture, quelquefois deux, une pour la porte et une pour la lucarne. Le toit conique est formé avec des branches qu'ils recouvrent ensuite de paille ou de jeunes roseaux reliés entre eux, très serrés.

Il y a trois à quatre cases par famille, sur un carré entouré d'une palissade faite avec des roseaux. Généralement, même dans le bas Sénégal, les cases sont construites aux quatre angles du terrain, laissant un grand espace au milieu qui sert de cour, au centre de laquelle est établi un grand hangar couvert en paille ; c'est dans ce lieu que les noirs vont s'entretenir, faire la sieste et leur *salam,* quand il n'y a pas de mosquée dans le village.

La nuit, les bestiaux sont attachés aux piliers de ce hangar. Les domestiques ou captifs ont une case à part.

Au poste de Saldé, le tirailleur sénégalais n'a qu'une case. Ce poste n'offre rien de bien remarquable, à part quelques beaux et immenses caïlcédras (genre d'acajou), mais qu'une très prochaine crue fera malheureusement disparaître. Ces beaux arbres, aux feuilles larges et touffues, ont déjà les racines découvertes en grande partie, ils sont comme suspendus ; tous les ans les berges s'écroulent et la largeur du fleuve augmente. Le fort lui-même, comme celui de Matam, est menacé de disparaître si des travaux sérieux ne viennent arrêter cet empiètement annuel des eaux.

En revenant vers le bord, nous entendons des cris, des appels, c'est la voix de notre capitaine :

— Nous manquons de pain ! Si vous n'en trouvez pas, nous serons au biscuit ! nous crie-t-il de cette belle voix de ténor que tous les habitants du Sénégal lui connaissent.

— Où voulez-vous que nous en trouvions ?

— Sur le marché (?) parbleu !

— Vous avez un coup de soleil, capitaine ; vous savez bien qu'il n'y a pas de marché à Saldé !

— S'il n'y a pas de marché, nous crie-t-il en riant, voyez chez les traitants, chez le commandant du poste.

Il y a des passagers parmi nous que la nourriture au biscuit effraye ; s'ils ont été soldats, ils n'ont sans doute pas fait campagne, et ils ont conservé un estomac délicat. Au Sénégal ! enfin...

Nous partons à la recherche de quelques *boules de son* ; nous nous en procurons deux, et à grand'peine, moisies, de triste mine ; elles nous rappelaient le pain pendant le siège de Paris. Tout triomphants, nous regagnons le bord avec notre précieuse acquisition, qui permettra à nos compagnons de voyage d'aller jusqu'à Matam sans manger de biscuit. Ah ! oui, à la première bouchée, ils ont laissé ce pain, qui n'est pas mangeable ; le vin n'est pas meilleur et doit assurément faire plus de mal que de bien. Pareille nourriture et pareille boisson contribuent pour une bonne part au mauvais état de santé de la garnison des postes.

Nous n'ignorons pas que les commissions de réception des denrées destinées aux troupes sont très sévères, mais après renseignements fournis par les intéressés, nous sommes obligés de reconnaître que malgré toute la surveillance des commissaires, il se commet de nombreuses fraudes. Disons-le, l'administration militaire n'apportera jamais trop d'attention quand il s'agit de la vie des soldats éparpillés dans les postes de nos colonies.

Le fleuve n'est pas beaucoup plus large à Saldé qu'à Podor ; le courant y est assez fort pour maintenir les navires évités. Les navires de l'État passent souvent par le marigot de Doué. C'est sur celui-ci qu'est situé le poste d'Aéré, qui donne aussi son nom au marigot de Doué. Les rives sont très peuplées relativement à celles du grand bras du fleuve. Du village de Doué, dès que la crue s'est un peu élevée, on peut communiquer par eau avec Podor.

Sur la rive des Maures, en face du fort, est établi un camp volant de *pourognes* ; il semble tout en émoi. Un des habitants s'est emparé d'un jeune hippopotame perdu par sa mère dans un moment d'effroi ; nous le voyons distinctement du pont de la *Falémé* passer de mains en mains ; il est affreux : sa tête est aussi grosse que le reste du corps. Ces animaux sont vendus assez bon marché, environ vingt francs, mais leur élevage coûte excessivement cher ; dès leur jeune âge, il faut leur donner de sept à huit litres de lait par jour ; le lait vaut de soixante à soixante-quinze centimes le litre, à Saint-Louis.

On nous a proposé deux jeunes autruches, élevées, au prix de deux cents francs l'une. En France, elles valent deux mille cinq cents à trois mille francs.

Nous quittons Saldé à onze heures du matin, et nous faisons route pour Matam.

SALDÉ A MATAM

(76 milles).

POINTS INTERMÉDIAIRES

Milles.

Marigot de Doué.	4	2
M'Bagne, village.	8	3
Daoulel, village.	12	»
Yekimbao, —	15	»
Traski, —	18	»
Trascogne, —	»	»
Diourbaol, —	»	»
Néré (R. D.), village.	»	»
N'Diafane (trois villages).	22	»
Sinthiou Boumakha, village.	»	»
Rindiao, village.	25	»
Belnabé (barrage), village.	27	»
Gabobé village,.	28	5
Molé, village.	»	»
Kaëdi (chenal très long), escale de traite importante.	31	»
Diales (deux villages : Toradé et Thioubalas).	»	»
Diongto, village.	»	»
Sinthiou Diom Dioro, village.	»	»
Gaoul, village.	37	»
Orénata (passage fond de sable), village.	38	»
Guiray (haut fond), village.	41	»
Djaoul (montagnes R. D.), village.	44	5
N'Dondou, village.	47	»
Snika Aliouri, village.	50	»
N'Guiguilone, village.	52	»
Passage de N'Guiguilone (Roches).	53	5
Sadel, village.	56	»
Ouddourou, village.	60	»
Kounguel, village.	62	5
Civé, village.	71	5
Diamel Dialé, village.	74	5
Matam, poste.	76	»

A partir des montagnes de Djaoul, situées sur la rive droite, la nature du terrain devient triste et désolée ; le pays est plat, peu boisé, presque aride ; quelques rares lougans, et c'est tout jusqu'à Matam. A Djaoul et à Civé il existe quelques petites élévations. On ne voit plus cette vigoureuse végétation, cette belle verdure et ces beaux arbres comme entre Podor et Saldé. Là, la vue était émerveillée par la beauté du sol ; ici, on se sent tout attristé par son aridité. La chaleur est accablante ; pas un souffle d'air.

Au-dessus du confluent du marigot de Doué, la largeur du fleuve augmente sensiblement ; avant d'arriver au confluent de ce marigot, on aperçoit une grande île formée par un ancien lit du fleuve qui commence à se combler. En apportant quelque attention, on remarquera plusieurs fois des déplacements analogues du cours du Sénégal, dont la date est plus ou moins récente.

Nous arrivons devant un des points les plus importants de traite, Kaëdi ; nous comptons jusqu'à vingt-trois chalands le long de la berge. Ce point possède un passé commercial qui lui promet un avenir brillant à bref délai. Il a été longtemps question d'y construire un fort pour bien assurer la sécurité de nos nationaux et de leurs biens, car nous n'avons avec les Bosséabés qu'une paix relative ; des pillages ont eu lieu très souvent sur nos traitants du fleuve, en temps de paix, et ils se sont vus quelquefois obligés de naviguer ensemble pour former une flottille imposante les protégeant contre la cupidité des Toucouleurs.

Nous avons à assurer notre prépondérance dans le

Soudan français. Matam et Saldé ne sont pas suffisants.

Voici ce que disait le *Reveil du Sénégal* du 17 janvier 1886, à ce sujet :

« Le gouverneur, le Conseil général, le Conseil privé, l'autorité militaire chargée des constructions, tous étaient unanimes à trouver utile et même nécessaire la création de ce poste.

« La grosse difficulté était celle-ci : Ce poste, d'après un homme très compétent, M. le colonel Bourdiaux, ancien gouverneur du Sénégal, devait être installé pour contenir cent vingt hommes pourvus d'artillerie ; les plans et devis dressés sur ces bases montrèrent qu'il fallait prévoir une dépense de deux cent trente mille francs, et l'administration, trouvant la somme trop élevée, voulut avoir le concours de la colonie.

« Le Conseil général fut consulté. Il avait trouvé tout d'abord le plan grandiose, et enfin, considérant que la construction de ce poste constituait une dépense de protection incombant entièrement à l'État, il avait repoussé les conclusions de sa commission tendant à inscrire une somme de cent mille francs pour la participation de la colonie dans les dépenses relatives à la construction de ce poste. »

Depuis cette époque, on paraît avoir complètement oublié la nécessité de ce fort ; il est regrettable que pour une somme si minime, si on considère l'importance capitale qui s'attache à cette question de protection et de sécurité, on abandonne un projet qui doit assurer notre domination sur les populations turbulentes du Bosséa. Il faut aussi assurer la conservation de la ligne télégraphique de Saldé à Matam, qui met Paris en communication directe avec le Niger. De plus, ce fort nous donnerait un pied-à-terre chez les Maures.

Cette question sera certainement reprise et résolue favorablement.

En quittant le marigot de Doué, on navigue tantôt sur une rive, tantôt sur une autre. A M'Bagne, il y a un barrage à fond de sable, on longe la rive droite. A Daoulel, un autre barrage aussi à fond de sable, on longe alors la rive gauche.

A Djaoul, il existe un contrefort de montagnes qui vient aboutir à la berge de la rive droite; sur l'autre rive, on n'en voit plus trace. Cette montagne affecte la forme d'un amphithéâtre au centre duquel existe toujours un campement considérable de Maures, propriétaires de nombreux et beaux troupeaux. Un peu plus loin, on aperçoit les ruines d'un fort que l'on dit avoir été construit par les Anglais au temps de leur possession du Sénégal. A cet endroit, il y a un barrage à fond de sable et débris de roches.

A quelques milles plus loin, nous trouvons le passage de N'Guiguilone, à fond de roches, sur lesquelles s'est perdu le *Serpent*, aviso de l'État. Le *Badibou*, vapeur de commerce, y est resté huit mois échoué.

Le 29 juillet, à dix heures et demie du matin, nous arrivons au poste de Matam par une chaleur torride et pas le moindre souffle d'air. Nous avons au moins cinquante à soixante degrés au soleil. La population du cercle de Matam est à peu près la même que celle du cercle de Saldé.

Le fort de Matam est de même construction que celui de Saldé ; c'est un second pigeonnier, sans ses habitants ; il est aussi situé sur le bord du fleuve, et les craintes que je manifeste plus haut concernant le péril que court le poste de Saldé, peuvent s'appliquer à Matam. Ici on a senti le danger, car on a construit avec de grosses branches d'arbres, devant le fort, un espèce de quai qui maintient quelque peu les terres, mais ce travail primitif ne peut opposer une bien longue résistance au travail souterrain des eaux.

C'est à Matam que finit, à proprement parler, ce qu'on appelle le bas Sénégal, c'est-à-dire le pays administré par le gouvernement civil de Saint-Louis. La garnison des postes, y compris Matam, est placée sous l'autorité du commandant supérieur des troupes résidant à Saint-Louis. Les dépenses et l'entretien de ces postes sont à la charge du budget local.

Après, vient Bakel, le point le plus important de traite du haut Sénégal. C'est le Soudan français, placé sous la direction d'un officier supérieur, qui prend le titre de commandant supérieur du Soudan français.

On sent dès maintenant une manière toute différente d'administrer. Plus de tâtonnements, beaucoup d'initiative et une marche rapide vers la civilisation.

Au Soudan, chaque jour apporte une nouvelle amélioration, surtout depuis M. Galliéni. Ici, aucune influence néfaste à subir ! Le 22 mai 1887, j'écrivais : « S'il y a un Soudan égyptien où la civilisation recule, il y a un Soudan français où elle avance sans cesse.

« S'il y a un bas et un moyen Sénégal où l'œuvre de Faidherbe, de Pinet-Leprade, de Jauréguiberry et de Brière de l'Isle est battue en brèche, il y a un haut Sénégal où la France voit fièrement flotter son pavillon tricolore. »

Dans toutes nos possessions coloniales, nous avons substitué, suivant le vœu des populations, dit-on, à l'administration militaire, l'administration civile. Eh bien, au Sénégal, j'ai entendu très souvent regretter le gouvernement des Faidherbe, des Brière de l'Isle, etc.; on se rappelle que sous la direction de ces officiers de valeur, la colonie était prospère. Aujourd'hui, le principe du gouvernement civil y est compromis au point que la population entière saluerait avec enthousiasme la nomination d'un gouverneur militaire. La cause de ce sentiment se comprend, quand on voit des civils vouloir jouer aux militaires!

A onze heures et demie, le même jour, nous quittons Matam, et nous faisons route pour Bakel.

MATAM A BAKEL
(88 milles).

POINTS INTERMÉDIAIRES

Milles.

Sendé, village.	2 »
Djandolé Sedé (passage), village.	4 »
Garli, village.	6 ¼
El Hadj Omar, barrage.	7 »
Tempiègne, village.	9 5
Dolol (rôniers), village.	12 »
Odabéré, village.	12 7
Thiali, village.	15 3
N'Diagan, village.	16 »
M'Bow, village.	17 4
N'Gana, village.	» »
Tinali, village.	21 »
Barmatch, village.	22 3
Coude d'Orndoldé.	26 »
Orndoldé, village.	28 »
Bapalel, village.	30 »
Gouriki n° 1, ou Koliyabé, village.	31 2
Gouriki n° 2, ou Samba Diom, village.	32 3
Gouriki n° 3, village.	34 6
Ganguel, village.	36 4
Séré, village.	38 »
Quintiong, village.	38 1
Padatel, village.	38 7
Badinké, village.	40 5
Darkedji, village.	41 8
Goumel, village.	42 7
Onaoundé, village.	48 2
Guellé, village.	50 »
Bitel, village.	56 »
Lobalé, village.	62 »
Odabéré, village.	64 »
Verma, village.	67 »

Dembakané, village	68	»
Gandé, village.	73	»
Galar, village	74	»
Moudéri, village	74	5
Diaoura, village	78	»
Ile de Diawara, village.	»	»
Elinguara, village.	79	»
Manael (roches dangereuses), village	80	»
Guildé (village détruit), roches	81	»
Tuabo (grand tata, fortifications), barrage, village.	85	»
Bakel, poste.	88	»

On commence à rencontrer des roches; le terrain est plus accidenté. Les pilotes apportent une grande attention dans le direction, car échouer dans ces parages serait dangereux, et l'on risquerait fort, dans ce cas, de perdre le navire.

C'est à partir de Moudéri que la nature du fond change le plus sensiblement, et où les roches sont le plus fréquentes. Le fond reste le même jusqu'à la limite de la navigation dans le fleuve, aux chutes du Félou, qui barrent complètement le Sénégal.

Jusqu'à Orndoldé, l'aridité du sol est la même qu'entre Saldé et Matam. A droite et à gauche du fleuve, c'est une région plate, qui ne change qu'en approchant de Bakel; alors les rives s'élèvent sensiblement, et la végétation nous apparaît très vigoureuse. Les collines sont verdoyantes, et, dans le lointain, des montagnes boisées entourent Bakel. La nature se montre ici sous son jour le plus beau.

Je reviens à mon itinéraire. En quittant Matam, à deux milles, près du village de Sendé ou Diandoly, on rencontre un passage et un barrage, ce dernier appelé El-Hádj-Omar. Ce nom lui vient, sans aucun doute, de ce que le roi El-Hadj-Omar, voyant avec crainte notre établissement dans le haut fleuve, conçut l'idée gigantesque d'intercepter le chemin à nos bâtiments et à nos troupes en barrant le fleuve par la construction d'une espèce de digue. La nature du sol était propice à son projet. Près de l'endroit par lui choisi est le village de Garli, et en face une petite montagne; c'est de cette dernière qu'El-Hadj-Omar, sans moyens d'extraction autres que les bras de ses soldats et des calebasses, tira assez de pierres pour barrer le fleuve sur une longueur de plus de 350 mètres. Mais heureusement pour nos possessions du haut fleuve, — que ce roi comptait bien piller et ruiner, — la colonne arriva avec des moyens prompts pour détruire ce travail et ouvrir un passage à nos bâtiments. Cette digue fut complètement détruite par Faidherbe en 1857; il ne reste aujourd'hui que le barrage.

La montagne de Garli a la forme d'une tente; là pierre est rouge.

En amont et en aval de Dolol, existe un bouquet de rôniers, les seuls que l'on rencontre dans cette partie du fleuve.

Nous approchons d'Orndoldé, où se trouve le coude le plus brusque, et sans contredit le plus difficile. Les bâtiments sont obligés de faire une évolution de 1,800 mètres dans un espace relativement restreint, avec un courant et des remous violents.

A un mille au-dessus d'Orndoldé, dans la rive gauche du fleuve, on remarque une tranchée assez profonde creusée par les eaux. Les pilotes prétendent qu'elle se creuse et s'élargit davantage chaque année, et que, dans un temps peu éloigné, le lit du fleuve suivant cette nouvelle direction, le coude d'Orndoldé sera supprimé.

Après avoir dépassé le village de Gouriki n° 2, ou Samba-Diom, on rencontre un îlot assez étendu, aussi élevé que les berges, qui est le résultat évident d'un déplacement du lit du fleuve. Il y a à cet endroit un barrage occupant un long espace, qui doit attirer l'attention du navigateur voyageant pendant la nuit.

Le troisième village de Gouriki possède un *tata* et une mosquée non loin de la berge. Presque tous les villages que l'on rencontre après ont des *tatas*; on appelle ainsi des murs d'enceinte, construits avec de la terre et des excréments de bestiaux. Les habitants de ces contrées ont l'esprit guerrier et ne cultivent les terres que pour leurs besoins. Ce sont des Sarrakollets.

A partir de Badinki, jusques et y compris Dembakané, les habitants sont Sarrakollets, et tout le pays est placé sous la domination d'Abdoul-Boubakar, roi du Bosséa, qui aspire depuis longtemps à reconstituer l'empire du Fouta. Dembakané est un grand village riche, possédant de nombreux troupeaux de bœufs, de vaches, de moutons et de chèvres; il possède aussi quelques chevaux. En quittant ce village, on rencontre un coude au milieu duquel aboutit le marigot de N'Diérère.

A 6 milles de Dembakané est situé le village de Moudéri. Quand on arrive de nuit à ce point, on mouille généralement pour ne traverser que de jour le passage de N'Diawara, le plus long et un des plus difficiles du fleuve pendant les basses eaux. Ce passage contient de nombreuses roches et deux chenaux; le premier chenal passe entre la rive gauche et le plus élevé des trois îlots qui se trouvent dans cette partie. Ce passage se termine à Elinguara, à cinq milles de Moudéri.

Ce dernier village porte encore des traces profondes de la campagne contre le marabout Mahmadou Lamine Dramé faite par la colonne Frey. Les habitants avaient toujours été fidèles à la France, quand, tout à coup, ils furent envahis par les troupes du marabout et menacés de pillage et d'esclavage s'ils ne marchaient pas contre nos armes. La crainte de perdre leurs biens d'un côté, leur fanatisme exploité par le marabout d'un autre, les fit marcher dans les bandes de celui qui se présentait à eux comme un délégué du Prophète pour reconstituer l'empire des Sarrakollets et chasser les « chiens de chrétiens ». La population de Moudéri, si paisible d'ordinaire, quoique musulmane, devait payer cher sa défection; elle fut bombardée, et le village détruit de fond en comble.

Il est à croire que si la colonne Frey fût arrivée avant Lamine Dramé, les Sarrakollets de ce village important auraient combattu dans nos rangs.

Aujourd'hui Moudéri se reconstruit et se repeuple. Les habitants nous regardent passer; quelques-uns nous crient: « Bonçour, » et les enfants se sauvent au moindre geste que nous faisons; à un coup de sifflet que donne le capitaine Larroque, leur peur est sans égale.

Voici maintenant Guildé, un autre village détruit:

puis vient Tuabo, entouré d'un grand tata : ce village a une apparence champêtre avec ses arbres plantés partout ; c'est le dernier avant d'arriver à Bakel. Il y a un barrage sur ce point.

Au tournant de Tuabo, à un mille environ de Bakel, le panorama est magnifique : le soleil frappe en plein sur le Castel qui domine le fleuve et lui donne un air de fête.

La ville est bâtie sur le roc, au bord du fleuve ; elle est entourée de trois côtés par de petites montagnes sur lesquelles sont construits trois blockhaus qui la défendent contre les agressions de l'extérieur ; derrière, une autre chaîne de montagnes paraissant bien boisées ; sur la rive des Maures, en face le Castel, d'autres montagnes et de vastes plaines.

Une fois arrivés près de notre mouillage, le fleuve nous fait l'effet d'un grand lac entouré de falaises. On ne saurait imaginer un plus charmant tableau ; nous sommes émerveillés par l'aspect vraiment pittoresque de ce point important du haut fleuve, si favorisé de la nature.

De tous côtés, de beaux bestiaux paissent dans de profondes vallées verdoyantes. Les bœufs ne sont pas de la même race que dans le bas fleuve ; ils n'ont pas de bosse, sont plus petits et bas sur pattes ; ils ont beaucoup de ressemblance avec l'espèce bretonne.

Le Castel, ou le fort, est la demeure du commandant de cercle et des officiers de la garnison ; il a plusieurs corps de bâtiment, dont l'un est affecté aux troupes ; il rappelle, par sa construction et son entrée, le Castel de l'île de Gorée.

Les bureaux du télégraphe sont installés dans le blockhaus du milieu, derrière le fort. Pour y arriver, il faut gravir péniblement la montagne. Au-dessus de la porte d'entrée figure encore le mot « École », qui rappelle que ce fortin était autrefois affecté à l'instruction des petits indigènes.

Le centre de la ville, aux hautes eaux, forme marigot, en la coupant en deux parties; d'un côté tout le commerce, de l'autre le Castel. Pour obvier à cet inconvénient, le général Faidherbe fit construire un pont de pierre pour relier les deux parties. Il y a beaucoup de maisons en pierres.

En mettant le pied à terre, notre première visite fut pour le commandant de cercle, qui nous reçut avec beaucoup d'affabilité. Nous désirions l'entretenir sur les projets de l'administration du Soudan français, sur ce qu'elle a déjà fait, depuis l'attaque de Mahmadou Lamine Dramé, pour améliorer les postes, les villes, la navigation du fleuve, et sur ses rapports avec la population. De notre entretien, quoique les idées du commandant du poste soient bien opposées aux nôtres, il ressort que l'administration du Soudan cherchera à implanter notre civilisation par des moyens fermes, mais pacifiques.

M. le commandant de cercle nous indique la partie de la ville qui a été détruite par le marabout et ses bandes, aujourd'hui en partie reconstruite; il nous montre les larges rues tracées sur les anciennes, ainsi que de jolies avenues, plantées d'arbres, conduisant au Castel.

Le gouvernement du Soudan fait beaucoup aussi

au point de vue sanitaire; entre autres améliorations, je me contenterai de citer l'arrêté pris par lui, ordonnant à chaque propriétaire de terrain de planter au moins un arbre par carré de cases; il y a environ quatre cases par carré.

Une halle ou marché couvert est en voie d'exécution; une école vient d'être élevée sur un grand terrain ombragé d'arbres et entouré de murs en briques; les instituteurs des petits noirs qu'on espère y attirer seront les sous-officiers de la garnison. La tâche, certes, ne sera point sans difficultés, vu l'esprit fanatique musulman de la population et la haine de toute civilisation. Le musulman a de plus la crainte qu'on ne cherche à faire des catholiques de ses enfants. Mais le commandant de cercle ne désespère pas de réussir, malgré le peu de ressources pécuniaires dont il dispose.

L'administration a les meilleurs rapports avec les commerçants, et dans bien des cas, elle ne craint pas de consulter les notables; toutes leurs réclamations sont écoutées avec bienveillance. Enfin, on sent une ère nouvelle de progrès et de civilisation pour le haut Sénégal.

Pendant les trois jours que nous sommes restés dans Bakel, visitant les uns et les autres, je n'ai guère entendu de plaintes contre l'administration ayant un caractère bien grave; j'en signalerai deux qui me paraissent fondées : la première, c'est la licence laissée à un nommé Ousman, *fonctionnaire*, interprète indigène du gouvernement qui, paraît-il, ferait la traite de la gomme sur une vaste échelle, au détriment du commerce. On prétend même que l'administration s'en trouverait gênée dans certains cas.

Si cet abus existe, et nous le croyons, le tenant de personnes très honorables, il suffit de le signaler pour qu'il disparaisse.

La deuxième plainte, la plus grave à mon avis, c'est la liberté laissée aux étrangers de commercer dans le fleuve, contrairement à tous les règlements. J'affirme que des Anglais sont établis dans nos postes, sous la protection de l'autorité. Ils ont été chassés de Kayes, siège du gouvernement du Soudan. Il faut espérer qu'on en fera de même dans les autres cercles de la colonie.

Le 31 juillet, lendemain de notre arrivée, le temps étant superbe, nous décidons de faire une partie de chasse sur la rive des Maures. Nous avons un guide qui doit nous conduire à un endroit fréquenté des antilopes. Après une marche pénible à travers la montagne et la brousse, nous arrivons sur les lieux à six heures et demie, un peu tard, car le soleil commence à nous menacer de ses rayons. Nous sommes trois chasseurs : M. Riquier, commerçant de Saint-Louis, M. Saint-Pierre, jeune représentant de commerce, et moi; les autres passagers sont restés à Bakel.

Notre guide, un noir bon teint de la ville, part à la recherche du gibier. Nous n'étions pas plutôt à l'affût qu'un lièvre passe près de nous; surpris, nous lui tirons un coup de feu. Tout à coup, des cris terribles, qu'on dirait poussés par une meute de chiens aux abois, se font entendre au-dessus de nos têtes. Au premier abord, nous n'apercevons pas les auteurs de ces cris, mais en plongeant nos regards parmi les arbres, nous distinguons une véritable armée de singes de la race des cynocéphales, que notre coup de fusil a sans doute réveillés et effrayés. Ils nous fixent d'un air menaçant, en gambadant de branches en branches, les secouant avec colère, et comme prêts à se jeter sur nous. Nous avons bien envie de tirer dessus. Notre guide nous fait signe de ne pas tirer, et nous fait comprendre qu'il y aurait du danger pour nous. Je lui demande s'ils attaquent les hommes, il répond affirmativement.

Nous restons l'arme au pied, et nous convenons d'attendre afin de voir ce que feraient ces peu aimables habitants de la forêt : abandonneraient-ils le terrain ou nous attaqueraient-ils ? Nous étions bien décidés, en cas d'attaque, à nous servir de nos fusils de guerre, dont nous nous étions heureusement munis.

Notre guide nous raconte que ces gros singes ne craignent pas de descendre dans la plaine pour attaquer les cultivateurs dans leurs lougans, pendant la récolte du maïs et du gros mil, dont ils sont très friands.

Les cynocéphales n'abandonnent ni leurs morts, ni leurs blessés; ils se feraient plutôt tuer que d'en laisser un seul sur le champ de bataille; ce n'est que par surprise que l'on peut s'emparer des jeunes.

Nous étions donc là, immobilisés depuis quelques minutes, quand, dans le lointain, se montre à nos yeux un magnifique sanglier, puis un second. Que faire ? Si nous tirons, les maudits singes sont capables de venir sur nous, et nous craignons qu'il en soit de même si nous paraissons les fuir. La tentation l'emporte sur la prudence : M. Riquier tire sur l'un des sangliers qui disparaissent tous sans être atteints, car la distance était trop grande.

Jamais je n'ai entendu un pareil vacarme de la part de nos voisins les singes, effrayés par ce nouveau coup de feu ; malgré la gravité de la situation, nous ne pouvions nous empêcher de rire des gestes comiques d'intimidation qu'ils nous faisaient, sans toutefois abandonner leur place.

Nous allions nous décider à partir, car le soleil nous incommodait beaucoup, quand un nouveau sanglier se montre du côté opposé par où venaient de disparaître les deux premiers. Notre guide nous dit qu'il doit y avoir une mare où ils viennent s'abreuver, et que nous en verrions bien d'autres si nous restions. Puisque nos singes ne nous avaient pas attaqués une première fois, je visai le sanglier à travers les arbres, et, comme mon compagnon, je le manquai. Ce dernier coup de feu nous débarrassa de nos cynocéphales, qui s'enfuirent de l'autre côté de la montagne.

En chemin, notre guide nous raconte que la veille de notre arrivée à Bakel, un énorme caïman s'était emparé d'une génisse qui s'abreuvait au fleuve sur la rive des Maures. Le caïman lui avait pris le museau entre ses terribles mâchoires et l'entraînait vers le milieu du fleuve quand on jeta l'alarme ; mais avant qu'on fût venu au secours de la pauvre bête, son ravisseur lui avait déjà coupé le gosier et l'avait asphyxiée ; on ne rapporta que son cadavre.

Ces accidents arrivent assez souvent, et quelquefois ce sont de jeunes indigènes qui disparaissent de la sorte, ce qui n'empêche pas les autres de jouer avec insouciance dans les eaux du fleuve, comme de vrais poissons.

Le 1ᵉʳ août, les eaux ayant monté de 1ᵐ,80 dans un jour, la *Falémé* peut continuer sa route pour Kayes sans crainte d'échouer.

BAKEL A KAYES
(71 milles).

POINTS INTERMÉDIAIRES

Milles.

Kounguel (R. G.). — Diaguila (R. D.), villages	5	5
Galmé (R. D.), roches, village	9	»
Yaféré, village	13	»
Diogoutouré (R. D.), village	»	»
Aroundou, village	16	»
Falémé, rivière	16	5
Goutioubé, village	17	»
Tafa-Sirga	»	»
Kotéré, village	21	»
Sollon (R. D.), roches, village	»	»
Ségala, village	»	»
Khabou (R. D.), village, Guidimackha	»	»
Khabou (R. D.), village, Godiaga	»	»
Lanel-Mody, village	28	»
Marigot de Kharakoro	»	»
Dikokovéry, village	33	»
Sébékou, village	35	»
Bousséla (R. D.), village	35	5
Koudamala, village	36	»
Toubabo-N'Kané, village	37	5
Fandankha (R. D.), village	»	»
Babou-Goumou, village	»	»
Makhana, village	39	»
Makhalagaré, village	»	»
Makha-Doujac, village	»	»
Daramané, village	40	5
Sogoné, village	44	»
Tawda, village	»	»
Gakoura (R. D.), village	»	»
Diani-Khoré, village	»	»
Diani-Bambara, village	»	»
Ambidébi (Tougouné), village	49	»

	Milles.	
Ambidébi (Guidimakha), village.	»	»
Moussala, village.	53	»
Pagni (R. D.), village.	54	»
Salancouda (R. D.), village.	»	»
Timbou N'Kané, village.	56	5
Diakhandapé, village.	»	»
Somonkidi (R. D.), village.	58	»
Gorgokotèle, village.	»	»
Diacanap, village.	58	5
N'Diawara et Gouizamel, villages.	63	»
Boungourou (entrée de la forêt), village.	65	5
Diala, village.	»	»
Diakhalel, village.	68	»
Kamankhoulou, village.	»	»
Galadioga, village.	»	»
Gorèta, village.	»	»
Kayes, poste.	71	»

Jusqu'à la rivière la Falémé, affluent important du Sénégal, on ne voit rien de bien saillant à signaler. La navigation est très facile.

Cette rivière, qui est l'objet d'études constantes, est appelée, dans un temps plus ou moins éloigné, à recevoir nos bâtiments du commerce, et à voir sur ses rives l'établissement de comptoirs français. Depuis peu, les bâtiments de la station y sont envoyés très souvent, soit pour en étudier les fonds, les coudes et les passages, soit en mission plus politique que scientifique. Les rives de la Falémé, d'après plusieurs explorateurs, sont très peuplées, et les habitants adonnés à l'agriculture. Le terrain est accidenté et très propice à la culture du mil, du maïs, du riz, de l'igname et des arachides. Les relations avec les naturels sont aussi faciles qu'avec ceux du bas Sénégal.

Il est certain que l'établissement de comptoirs français enlèvera immédiatement aux Anglais l'influence qu'ils y exercent par leurs relations de la Gambie.

Il y a quelques années, une société française s'était montée dans le but d'exploiter les sables aurifères du Bambouck. Cette entreprise, livrée à ses propres ressources, combattue au lieu d'être soutenue, minée sournoisement par des intérêts jaloux, qui préfèrent tout à l'établissement d'une industrie quelconque au Sénégal, cette entreprise succomba après avoir démontré d'une façon indéniable que l'or existe dans ces contrées. Je crois qu'elle était dirigée par un ingénieur des Mines, dont le nom m'échappe.

Mais aujourd'hui que l'on connaît mieux le terrain et l'indigène, que le Sénégal n'est plus le monopole de quelques-uns, que les moyens de communication sont plus fréquents et plus faciles, qui pourrait prétendre qu'une nouvelle entreprise, montée par des hommes expérimentés et sur des bases solides, ne serait pas couronnée d'un plein succès ?

L'or du Bambouck se trouve disséminé à l'état de pépites dans des sables d'alluvion, ainsi qu'en filons dans le quartz et l'argile schisteuse. Voici comment procèdent les noirs pour l'extraire : pendant la saison sèche, ils creusent des trous profonds de 7 à 8 mètres, et les femmes lavent la terre qui en est retirée d'une façon très simple, avec des calebasses, ce qui fait perdre beaucoup d'or.

Les bijoutiers de Saint-Louis ont des modèles de

bijoux pleins d'originalité, fabriqués avec cet or, des anneaux, des papillons, des croix, des étoiles, des élytres d'insectes enchâssés, des pendants d'oreilles, des amulettes, etc., traités généralement à la manière du filigrane. La façon de ces bijoux se paie environ 25 0/0 de la valeur du métal.

Tous les bijoux dont s'affublent les indigènes sont faits avec l'or dit de Galam ; ils en portent au cou, aux oreilles, aux doigts des mains et des pieds, aux chevilles, etc. Le gros d'or (3 grammes) vaut de 12 à 16 francs, à Saint-Louis. Dans le haut fleuve, on l'achète quelquefois 7 et 8 francs.

A quelques milles de Kayes, s'offrent au voyageur la magnifique forêt de Boungourou, et dans le lointain, les montagnes verdoyantes et boisées de Médine.

Sur tout le parcours du Sénégal, de Bakel à Kayes, les rives sont très peuplées, on compte jusqu'à 47 villages ; il y a des endroits où ils sont les uns sur les autres. Ces villages sont habités par des races différentes : Toucouleurs, Sarrakollets, on y trouve aussi des Peuls ; ces derniers abandonnent le bas Sénégal depuis quelques années, et viennent se réfugier de préférence vers le Toro et le Lao. Cette immigration vers le haut fleuve semble être due au peu de sécurité et de protection qu'ils trouvent dans le bas fleuve. On remarque aussi qu'un grand nombre de Toucouleurs et de Sarrakollets se sont fixés sur la rive droite depuis la campagne du colonel Frey. Ces populations fuient notre civilisation et nous refusent aujourd'hui la confiance qu'elles avaient toujours montrée envers la France.

Cette émigration en masse est bien regrettable, car si ce mouvement n'est pas enrayé, on peut prédire la ruine du bas Sénégal. On oublie trop facilement que notre colonie africaine n'est qu'une colonie d'exploitation et non de colonisation, et que ces émigrants sont des cultivateurs : sans eux que pouvons-nous y faire ? Du militarisme ! C'est, en effet, un peu ce qu'on y a fait jusqu'à ce jour, et ce que l'on y fait depuis le départ du gouverneur Seignac-Lesseps.

Ce haut fonctionnaire civil a laissé dans la colonie, où la droiture de son caractère et ses qualités administratives étaient fort appréciées, des souvenirs nombreux d'estime et de regret.

Pauvres Africains ! On vous parle de l'abolition de l'esclavage et des bienfaits de la civilisation, mais bientôt vous travaillerez pour de nouveaux despotes, cent fois plus durs que vos premiers maîtres, qui vous rendaient doux ce que nous appelons votre esclavage. On vous civilisera, et pour prix, vous fertiliserez la terre, — que nous ne pouvons cultiver, — sans en recueillir les fruits ; vous chercherez pour d'autres l'or caché dans ses entrailles ; on vous apportera des vices inconnus, ce sera là votre bénéfice.

Voilà la morale que l'on peut tirer de la civilisation européenne telle qu'on semble du moins la comprendre sous le gouvernement actuel de notre vieille colonie française. Est-ce cela que veut la France ? Non, non ! Aussi doit-on protester et élever la voix contre de pareilles doctrines.

Voyons brièvement comment les fonctionnaires de l'État, de la République Française, comprennent l'abolition de l'esclavage. Je prends pour exemple ce qui se passe dans le bas Sénégal :

En deux mots, l'esclave est un serviteur attaché à la fortune du maître, travaillant pour lui, mais nullement maltraité, pouvant même acquérir des biens. Il y a des esclaves plus riches que leurs maîtres.

Visitez une case, vous serez frappé de l'égalité qui règne entre le maître et l'esclave. Là, n'apparaît nul commandeur armé d'une lanière retentissante. Maîtres et esclaves sont musulmans, les uns et les autres savent qu'Allah ne fait aucune différence entre les esclaves et les hommes libres, pourvu qu'ils soient hommes de bien : « Adore ton maître, dit le Koran, respecte-le, sois obéissant et tu seras recompensé, tu seras accueilli dans mon paradis et tu auras toutes les jouissances. »

L'esclave au Sénégal peut se marier à sa guise. S'il épouse une femme libre, ses enfants seront libres. Si, au contraire, un homme libre épouse une esclave, les enfants seront captifs. La femme impose toujours sa qualité à la descendance.

Parlez de philanthropie après cela.

La République de 1848 a décrété l'abolition de l'esclavage ; en vertu de ce principe, « tous les hommes sont égaux ! » Est-il appliqué au Sénégal ? Non. L'esclavage existe dans toute la colonie, dans les villes, à Saint-Louis même.

« La France, disait un de nos collaborateurs, en juin 1886, a déclaré *libres* tous les individus vivant sur son territoire, et dans sa tendre sollicitude elle a même inventé le certificat de liberté. »

En quoi consiste ce certificat de libération ?

Supposons un esclave ou captif du Cayor, par exemple, qui veut se faire libérer ; il arrive à Saint-Louis, se présente devant le tribunal et on lui délivre un papier, en vertu duquel il est *libre*, libre s'entend de rester à Saint-Louis ou dans ses environs immédiats, car ce papier dont il est porteur serait pour lui d'une protection peu efficace s'il retournait dans le Cayor ou s'il gagnait d'autres territoires *protégés*.

Que va devenir ce malheureux, habitué aux travaux des champs ? quel sera son sort ? L'on s'en préoccupe fort peu et l'on s'étonne de voir augmenter dans des proportions inquiétantes le nombre des vagabonds dans nos villes et la banlieue de nos cités !

Prenons un autre exemple :

Un jeune esclave a obtenu un certificat de libération, il est *confié*, c'est l'expression consacrée, à une famille, quelquefois à un mineur bien en cour, heureux d'avoir un négrillon sur ses talons, qui le gardera jusqu'à sa majorité, l'élévera et sera chargé de lui apprendre un métier (!). Mais à sa majorité, il n'a jamais mis les pieds dans un atelier, et va où bon lui semble !

Ces *eslaves libres* deviennent donc la propriété de telle ou telle famille, de telle ou telle personne. Ils sont soumis à une *domesticité* qui rappelle trop l'ancien esclavage. On tire d'eux tout le profit possible, mais là s'arrête la sollicitude des propriétaires.

Ils sont rares ceux qui, parmi nous, rendent la *liberté* (!) douce à ces déshérités du sort, se prennent d'une tendre commisération pour eux et songent à leur avenir.

La captivité entendue au Sénégal est pire que l'esclavage lui même. Maintenant si la France veut mettre en pratique la loi sur l'esclavage, elle se heurtera à des difficultés inouïes provenant des mœurs de ces contrées. Il y a là un problème à résoudre.

Je reviens à mon sujet. En arrivant à Kayes, nous passons un chenal très étroit, entre les roches et la berge; ce chenal n'a guère plus de la largeur d'un grand bâtiment. Avant et après Kayes, il y a onze petits îlots appelés les *Kayes* (quelques auteurs écrivent *Khâyes*), qui rendent l'évolution des navires assez difficile.

Un Européen nous dit que l'année dernière, le capitaine du *Kita*, remorqueur de l'État, M. Bernard, fit sauter avec la dynamite une bonne partie de ces îlots; ce capitaine, nous dit-il, a été décoré de la Légion d'honneur en récompense de ses services. Depuis son départ, le projet de détruire tous ces rochers qui rendent la navigation si mauvaise aurait été abandonné.

En arrivant à terre, je m'empresse de rendre visite au commandant supérieur *par intérim*, M. Monségur, commandant d'infanterie de marine. Ses bureaux, très bien situés, dominent le fleuve, sur le bord duquel est le jardin du gouvernement. Ce jardin est très grand, bien entretenu; c'est le plus beau de tout le Sénégal; il contient une belle collection d'arbres fruitiers très vigoureux; des bananiers, les seuls du haut fleuve; un jardin potager où l'on voit de très beaux choux, des carottes, des navets, etc.; tous les légumes de France poussent là à plaisir.

Tout en visitant les dépendances du gouvernement, j'entretiens le commandant sur le haut fleuve et son avenir. De notre entretien je conclus que M. Galliéni emploiera toute son autorité et son énergie à faire disparaître les difficultés qui ont pu entraver le développement du commerce de la traite ; à assurer la domination française dans les régions du haut Sénégal et du haut Niger ; à faire respecter les nombreux pays placés aujourd'hui sous notre protection ; à réprimer les révoltes ; à provoquer les chefs à traiter avec nous ; en un mot, toutes ses forces sont acquises à l'œuvre civilisatrice qui livrera définitivement à notre puissance et à notre commerce les riches vallées du Niger et du Soudan.

Son gouvernement a déjà beaucoup fait. A Kayes, surnommé à juste titre le *gouffre aux hommes et aux millions*, il a construit des casernes pour abriter nos soldats ; leur nourriture, qui laissait à désirer, est aujourd'hui aussi abondante et aussi saine qu'à Saint-Louis ; le pain et le vin sont bons, et la mortalité, effrayante les années précédentes, n'a été que de trois décès d'Européens pendant toute la première campagne de cet officier, doublé d'un administrateur distingué. Il a compris qu'avant de faire quelque chose de stable, il fallait penser à garantir nos soldats, nos employés, tous ces modestes collaborateurs de la mission qui lui est confiée.

Un bâtiment est affecté aux bureaux et au logement du commandant supérieur ; un bâtiment pour le télégraphe ; un autre très grand, bien aéré, est affecté aux officiers, qui en possèdent un second où ils ont établi leur mess; ce dernier, je présume, est destiné à la gare du chemin de fer. Le commissariat de la marine a tous ses bureaux dans un autre; c'est le plus mal partagé, les employés y manquent de confortable.

Il reste à établir des ateliers et des magasins pour abriter le personnel et le matériel du chemin de fer, répandus un peu de tous les côtés.

L'appontement en fer pour le déchargement du matériel de l'État est avancé; il sera terminé dans la campagne 1887-88.

On parle aussi de construire des quais pour les bâtiments du commerce qui éprouvent de grandes difficultés dans le débarquement de leur chargement.

Des grandes voies, plantées d'arbres, coupent Kayes en tous sens.

Le gouvernement du Soudan accorde au commerce toutes les facilités pour construire : concessions gratuites à ceux qui en font la demande; wagonnets pour le transport de la pierre, etc.

On voit, par cette simple énumération, les tendances du gouvernement actuel du Soudan français : protection la plus large au commerce. Avec une politique aussi sage, on peut être certain de faire œuvre durable et féconde en bons résultats. Cette manière de comprendre la civilisation vaut assurément mieux que la civilisation à coups de fusil ou par pendaison, pratiquée dans le bas Sénégal.

Quant aux plaintes du commerce, il y en a peu; quand il s'en produit, l'administration les écoute avec intérêt et les prend en considération.

Je tiens ces renseignements des commerçants de

Kayes eux-mêmes. A cette date, on parlait de la nomination d'un autre officier au commandement du haut fleuve; les habitants, très émus de cette fausse nouvelle, formaient des vœux pour le maintien de M. Galliéni. Leurs craintes sont aujourd'hui dissipées.

La population de Kayes est composée de Sarrakollets, de Kassonkais, de Bambaras et de Toucouleurs.

Voici un fait qui s'est passé dans un des villages formant Kayes, auquel j'ai assisté en me promenant en compagnie du capitaine Larroque et du mécanicien de la *Falémé*, M. Chimère. Il est assez curieux et assez ardu à décrire; je le voilerai le plus possible, afin de ne pas effaroucher la pudeur des lecteurs. On pourrait l'intituler : le baptême de... boue. On fêtait le huitième jour d'un mariage :

Il était dix heures du matin, il faisait un soleil splendide. Le village des tirailleurs était en fête, mais pas en fête ordinaire, car il n'y avait ni danses, ni coups de tam-tam, ni chants. Dix à douze négresses, amies de la nouvelle mariée, sont réunies dans la case de celle-ci, toutes *nues*, le milieu du corps seul est enveloppé d'une étoffe légère, bien collante et faisant le tour des hanches; l'entre-jambes est garanti par une bande d'étoffe partant de derrière pour revenir par devant en formant ceinture. Cette précaution est bonne à prendre comme on le verra par la suite. La nouvelle mariée est... costumée de même que ses amies. A voir ces femmes ainsi accoutrées, les yeux animés, on les croirait prêtes à quelque combat, et c'en est un, en effet, mais d'un nouveau genre. Chacune d'elles est armée d'une calebasse pleine de boue bien liquide, puis postées en affût, épiant les passants, et le premier qui se présente à elles en *boubou* blanc, est immédiatement aspergé à profusion de cette boue : après les vêtements, les cheveux, la figure ; aucune partie du corps n'est épargnée ; les femmes ne le lâchent que lorsque le malheureux n'en peut plus et est obligé de se débarrasser de ses vêtements souillés. La victime ne doit pas montrer de mauvaise humeur, mais rire et prendre part aux divertissements.

Pareille manœuvre se renouvelle jusqu'à ce qu'il y ait assez d'hommes ainsi *embousés* pour tenir tête aux négresses dont le nombre augmente toujours. Mais aussitôt qu'ils sont en nombre suffisant, gare aux femmes ; l'heure de la revanche est sonnée pour le sexe fort ; ce qu'elles ont fait leur sera rendu au centuple. En effet, bientôt elles n'ont plus forme humaine ; elles sont dans un état plus que dégoûtant : la tête, la figure, la poitrine, tout le corps n'est qu'un amas de boue ruisselante qui a à peine le temps de sécher. Elles sont prises, renversées à terre, et des calebasses entières d'ordures coulent sur elles. Des hommes leur écartent les jambes et essaient de dénouer l'espèce de caleçon qu'elles se sont arrangé autour du corps ; quelquefois, ils ne réussissent pas, car elles se défendent avec énergie et sont secourues souvent par leurs camarades ; mais s'ils réussissent, les endroits les plus intimes sont souillés du sale liquide sans aucune pitié, puis elles sont retournées sur le ventre, et la même opération a lieu par derrière, avec accompagnement de claques sur la partie du corps la plus rebondissante, excitant ainsi les rires de la multitude. Pendant ce temps, un loustic apporte de l'herbe dont on fait des bouchons, et alors a lieu un bouchonnage brutal de tous les endroits qui ont passé au baptême de la boue.

Toute la journée ce jeu continue.

Les jeunes garçons et les jeunes filles ne sont pas les moins ardents, et même les femmes de quarante ans, à prendre part à ce jeu. Singulières mœurs !

Après deux jours passés à visiter le siège du gouvernement du haut fleuve, nous décidons d'aller à Médine à cheval, et de revenir par le fleuve en pirogue. Ce moyen nous donnera la facilité d'étudier pendant quelques kilomètres cette fameuse voie ferrée qui nous a coûté tant d'hommes et a engouffré tant de millions pour un bien mince résultat.

Ah ! si l'on devait continuer l'ancienne manière de faire pour la construction de la ligne ferrée jusqu'à Bamakou, au Niger ; si pour étendre notre domination par la force, il fallait répandre autant de sang français qu'il en a été déjà versé depuis la pose du premier rail, et grever notre budget de plus de 100 millions, mieux vaudrait tout abandonner ; il y aurait, certes, du patriotisme à le faire.

Nous saurons, peut-être un jour, à qui a profité l'établissement de cette ligne ferrée ; on dira tout haut les noms que l'on prononce tout bas !

Voici les points intermédiaires de Kayes à Médine :

KAYES A MÉDINE
(8 milles)

POINTS INTERMÉDIAIRES :

Satakhoulé, village. — Kanitou, village. — Les Kippes, passage difficile. Médine, poste.

Le 4 août, dès sept heures du matin, par un soleil très ardent, nous nous dirigeons, à cheval, vers les montagnes de Médine, à travers une brousse épaisse. Parfois, nous sommes obligés de longer la voie ferrée, parfois le pied de montagnes très boisées ; nous parcourons un terrain exécrable pour des cavaliers, composé de petits arbustes larges et touffus et de morceaux de roches répandus partout, qui rendent notre marche lente et pénible ; nous sommes obligés de nous suivre à la queue leu-leu, car nous ne pouvons être deux de front, et nos guides nous conseillent de laisser la main à nos montures ; elles sont habituées à ce trajet. En effet, ces intelligentes bêtes marchent d'un pas assuré et évitent avec soin les bouquets d'arbustes, les fondrières et les accidents de terrain. Pour arriver plus rapidement et aussi pour éviter des marigots grossis par les pluies, nous sommes quelquefois obligés de monter sur le talus de la voie ferrée et de sauter par-dessus de profondes fondrières causées par les tornades de la saison.

Du côté de Kayes, la voie ferrée semble abandonnée et en ruines ; nous constatons des endroits où elle est détruite, c'est du moins l'effet qu'elle nous produit, en voyant des rails sans talus, comme suspendus; de nombreuses traverses ont un bout en l'air, d'autres ne tiennent que par un miracle d'équilibre. Vue ainsi, la voie nous paraît offrir bien peu de sécurité, même avec de légers wagonnets.

Voilà ce qu'est la voie depuis Kayes jusqu'au pont de Papera. Je ne sais si au delà du point où nous nous trouvons, elle est mieux entretenue, mieux assise, mais je puis affirmer, avec mes compagnons d'excursion, que de Kayes à quelques mètres de Médine, il n'y a qu'une ébauche de chemin de fer, bon tout au plus au transport des remblais.

Sur tout le parcours de la ligne, est éparpillé un nombreux matériel qui n'a jamais été utilisé, au Sénégal du moins, et qui est aujourd'hui hors de service faute de soins, laissé dehors à l'intempérie des saisons d'hivernage.

J'ai remarqué à Kayes que les hangars et les écuries avaient leur charpente construite avec les rails destinés à la voie. C'est autant de matériel qui n'a pas été perdu !

Nous arrivons près du pont de Papera, construit en maçonnerie. C'est l'ouvrage le plus considérable du chemin de fer du haut Sénégal; il relie deux vallées très profondes. La prudence nous commande de descendre de cheval et de traverser ce pont à pied; avec des bêtes aussi vives et aussi ombrageuses que les nôtres, nous risquerions d'être précipités dans cette espèce de gouffre. A partir de cet endroit, nous abandonnons la ligne ferrée pour nous diriger sur Médine ; nous traversons un immense marigot desséché, encore quelque peu humide, où la réverbération du soleil et les émanations du sol empêchent la libre respiration; nous sommes très suffoqués pendant près de dix minutes. Au sortir de là, nous rencontrons une petite rivière creusée dans le roc, où coule une eau limpide qui nous apporte une douce et agréable fraîcheur; cela nous fait vite oublier la plaine malsaine; nous la traversons à cheval, au milieu des Kassonkaises qui lavent là leur linge en jacassant autant que nos lessivières françaises.

Enfin, au bout d'une heure trois quarts de marche, nous arrivons à Médine; nous y sommes parfaitement reçus par ses habitants, et en particulier par Moumar-Diac, traitant de Saint-Louis, marié avec la fille de l'ancien roi Sambala, dont le nom est populaire et respecte dans toute cette contrée magnifique.

En France, voire même dans le bas Sénégal, on se fait une idée absolument fausse sur la manière dont l'hospitalité est comprise et pratiquée à Médine, chez ces noirs doux, inoffensifs, dénigrés avec trop de parti pris par ceux-là seuls qui ne les ont vus que de loin. Les naturels de ces contrées ont toujours eu la plus haute opinion des blancs; ils les regardent comme des demi-dieux, invoquent leur puissance, et font des vœux pour leur prospérité. S'il n'en est plus toujours ainsi, la faute en est à nous-mêmes.

Je pourrais citer plusieurs faits à l'appui de ma conviction. En voici deux qui ne sont pas sans intérêt :

« J'aime les hommes blancs d'Occident, disait le roi de Wouwou aux frères Lander, parce que le bonheur suit partout leurs pas; tous les pays qu'ils ont visités sont heureux. Je prierai Dieu pour qu'il vous protège et qu'il vous permette de revoir votre pays. »

Voici un trait qui ferait honneur aux nations les plus civilisées, relatif aux deux frères Lander qui exploraient les contrées du Niger :

Un message secret était venu au prince Rabba pour l'engager à retenir par artifice les deux voyageurs et leur arracher ainsi de riches présents : « Dites à votre souverain, répondit-il aux envoyés, que je déteste ses abominables insinuations, et que jamais je ne consentirai à ce qu'il me demande. Quoi! ces hommes blancs seront venus de pays éloignés pour visiter nos contrées, ils auront dépensé leurs richesses parmi nous, nous auront fait des présents avant que nous ayions pu leur être utile en rien, et nous les traiterions avec tant d'inhumanité! Ils ont usé leurs vêtements et leurs chaussures sur nos chemins, ils se sont mis à notre merci, réclamant notre hospitalité, et nous en userions avec eux comme des voleurs! Que diraient nos voisins, nos amis, nos ennemis? Y a-t-il infamie pareille à celle qui s'attacherait à nous, si nous traitions ces blancs comme on nous le propose? Après avoir été accueillis si honorablement à Yarriba, à Weurou, à Boussa, serait-il dit que Rabba les a mal reçus, qu'on leur a fermé les portes et qu'on les a pillés? Non, encore une fois, j'ai donné ma parole de les protéger, et je ne fausserais pas mon serment pour tous les fusils, pour toutes les épées du monde! »

Chez l'indigène où nous sommes descendus, l'hospitalité est large et pleine d'attentions : nous n'étions pas plutôt arrivés que la maîtresse de la maison, une charmante négresse, dresse à notre intention une table, couverte d'une nappe blanche, sur laquelle sont disposés deux couverts complets ; rien n'y manque : serviettes, couteaux, fourchettes, etc. On nous sert à la française des poulets bien rôtis, des œufs et de la salade. Pendant notre repas, la maîtresse du lieu reste debout près de nous attentive à nos moindres désirs, et la fille ou la sœur du maître de céans, ou une jeune domestique nous évente à l'aide de grands écrans tressés avec des herbes du pays, afin d'empêcher mouches et moustiques de nous importuner. Notre repas n'est pas encore fini, qu'on dresse pour nous sous une tente immense, en plein air, deux espèces de lits faits de branches de roseaux croisées les unes sur les autres, et sur lesquels on étend deux matelas bien moelleux, recouverts de deux draps d'une blancheur irréprochable, afin de nous reposer des fatigues du voyage. Une jeune négresse continue, pendant notre repos, de chasser loin de nous les mouches et les moustiques.

Nous sommes restés trois jours à Médine, pendant lesquels nous avons eu les mêmes prévenances.

Dès notre arrivée dans cette ville, nous sommes allés rendre visite au commandant, M. Dorr, capitaine d'infanterie de marine, arrivé nouvellement, par conséquent ne pouvant nous fournir que peu de renseignements sur le pays placé sous son autorité. Il s'est montré très disposé à avoir de bonnes relations avec les habitants.

Médine est bâtie sur le roc et entourée de montagnes; toutes les maisons du centre de la ville sont en pierres, couvertes en chaume; il y a peu de cases. Comme à Bakel, la nature, dans ces lieux, s'est plue à déployer son luxe et sa magnificence. Sa prodigalité semble inviter ses habitants à une indolence que la chaleur du climat ne favorise que trop. La terre produit presque sans culture, les simples herbes croissent à la hauteur de dix à douze pieds et forment dans les sentiers de vertes ogives qui modèrent les feux du jour; le maïs, le riz, le mil y deviennent énormes; le palmier, l'arbre à beurre, l'igname suffiraient à tous les besoins, sans la pêche, les troupeaux, la volaille et le gibier qui y est très nombreux.

De véritables forêts vierges s'offrent au voyageur avec leur mystère et leurs sombres merveilles. Le chêne d'Afrique, l'ébénier, l'acajou ou caïlcédra, l'arbre de fer et le baobab, ce géant de la terre, sont parvenus à un tel accroissement, qu'un seul tronc suffit à un canot qui doit admettre vingt rameurs au moins. Des hôtes innombrables habitent leur feuillage: le vautour, le faucon, l'aigle planent au milieu du faisan, de la pintade, de l'outarde, du canard sauvage et de mille oiseaux inconnus; la modeste perdrix voltige à côté de la grue à crête royale, dont les aigrettes coûtent jusqu'à 4,000 francs le kilo. Des singes, se livrant à toute la vivacité de leurs jeux, font assaut de malice et de légèreté, tandis que des tourterelles richement parées, des perruches à longue queue, au collier multicolore, des *youyous* aux couleurs variées et vivaces, et autres oiseaux graves, à figures solennelles, les regardent, perchés, immobiles au sommet des plus hautes branches. Au milieu d'eux, se voient de délicats petits oiseaux, semblables à des pierres de diverses couleurs; l'un d'un vert sombre chatoyant, l'autre avec des ailes grises, le corps rouge et noir, d'autres rayés cramoisi et or, tous gais, heureux, joueurs à l'excès, animant de leurs concerts le plus admirable feuillage ; à ce concert, se mêle le bourdonnement des chutes du Félou.

Le fleuve est là grandiose, coulant au pied de forêts ondoyantes, de montagnes majestueuses; il arrose des plaines sans fin, où paissent d'innombrables troupeaux pleins de force et de vigueur.

Tel est le spectacle que présente Médine aux yeux enchantés du voyageur ; mais malgré sa position avantageuse, elle ne présente pas la même animation que Bakel; elle semble plus triste. Cela tient, sans doute, à ce qu'on y voit moins de bâtiments du commerce, et qu'on y a supprimé l'autorité du roi du Lago, qui avait à Médine une espèce de cour royale.

De même qu'à Kayes et à Bakel, la sollicitude du gouvernement du Soudan français y fait sentir ses bons effets. De belles avenues, de grandes rues plantées de jeunes fromagers sont tracées, et quelques-unes traversent déjà les faubourgs; d'ici peu disparaîtront les petites ruelles pierreuses et puantes qui existent encore dans le centre de la ville. L'administration compte sur un accord facile avec les propriétaires du terrain.

Comme on le voit, c'est la même manière d'administrer dans tout le Soudan. Une pareille politique ne peut manquer de porter d'excellents fruits.

Le fort de Médine n'a rien de remarquable. Depuis

1857, il a été augmenté de plusieurs corps de bâtiment; il paraît assez bien entretenu; les salles intérieures sont grandes et bien aérées. Il est fort bien défendu et dans une position stratégique imprenable, construit sur une hauteur qui domine le fleuve. A ses pieds est un grand jardin formant une espèce de plateforme. Derrière le fort, est la place du marché, appelée aujourd'hui place Descemet; c'est l'endroit le plus haut de la ville; de là, on a le panorama le plus splendide. Ce nom lui a été donné en souvenir de la mort héroïque de Roger Descemet, en 1857, pendant le siège de Médine. La place a un petit et modeste monument funéraire élevé par les soins de M. Faidherbe, en 1862, à la mémoire de MM. R. Descemet, des Essarts et Paul Holle, ce dernier commandant la place pendant le fameux siège soutenu contre El-Hadj-Omar. Paul Holle et Roger Descemet sont deux enfants du Sénégal, dont les habitants de la colonie ont lieu d'être fiers.

En face le fort est le Lago, vers lequel se sont réfugiés les descendants et les anciens sujets du feu roi Sambala. Ce nom, que les habitants répètent sans cesse avec le plus grand respect, m'intrigua, et voici ce que j'appris :

Le roi Sambala, qui commandait à tout le Lago, est mort il y a peu de temps. Sa résidence habituelle était Médine qu'il affectionnait beaucoup. Ce roi facile et débonnaire, aussi vain que peu redoutable, heureux d'un hochet, d'un haillon doré, fut pour nous, pendant tout le siège de cette place, un fidèle allié ; il contribua dans une large mesure à disperser les troupes d'El-Hadj-Omar. Le roi Sambalaétait une source de bien-être pour les habitants de la ville où il dépensait tous ses revenus en fêtes et bienfaits. Tous les jours, au coucher du soleil, sous un arbre remarquable par sa grosseur, sa hauteur et son beau feuillage — on l'appelle toujours l'*arbre du roi Sambala* — il donnait un concert accompagné de danses; ses esclaves mâles jouaient les uns d'une espèce de mandoline, les autres d'une flûte.

Il m'a été donné, pendant mon séjour, d'entendre jouer de ces deux instruments, et je puis affirmer que ces musiciens primitifs en tirent des airs *français* très mélodieux, avec beaucoup de sentiment.

Si vous allez à Médine, voyageurs, demandez *Tortillard* et *Kani Moussa*, vous serez quelque peu charmés par ces deux artistes.

Il n'est pas inutile de donner une description approximative de la mandoline et de la flûte dont jouent les indigènes de ces lieux. La première est faite avec une moitié de calebasse, longue, en forme de bouteille, de $0^m,50$ de long sur $0^m,20$ à $0^m,25$ de large; le dessus est recouvert d'une peau bien préparée; elle a cinq cordes. La flûte, faite avec un morceau de roseau, a quatre trous; trois à un bout, un seul à l'autre servant d'embouchure. La race bambara joue beaucoup de cet instrument.

Voici de quelle manière prélude la fête : Aux premiers accords, les femmes frappent des mains en cadence, puis la danse commence; tantôt elles ont le visage voilé, tantôt découvert; au début, elles dansent très lentement, langoureusement, et vers la fin, avec une très grande vivacité. Chaque figure a sa signification particulière : une invocation, une prière ou une menace. Les musiciens excitent les danseuses du geste, du regard et de la voix. Les danses sont quelquefois pittoresques, souvent gracieuses, jamais indécentes. Après, viennent les chants. La fête finie, le roi rentre à son logis, non sans laisser aux uns et aux autres quelque cadeau.

Aujourd'hui, le successeur de Sambala est à Médine, comme un simple particulier; nous lui avons retiré toute autorité sur le Lago. C'est un roi sans royaume comme le roi de Dakar.

Depuis cette époque, Médine si bien située, si bien favorisée de la nature, est triste et morose.

A quel mobile a-t-on obéi en suivant cette politique vis-à-vis d'un roi aussi inoffensif, qui n'avait su que nous rendre des services? Était-ce dans l'intérêt de la civilisation? Dans celui de notre domination? Dans l'intérêt du pays? Rien ne le prouve, et la ville n'a fait que perdre à ce changement.

Avant de dire adieu à Médine, peut-être pour toujours, nous avons voulu nous donner la satisfaction, le plaisir d'entendre et de voir les chants et les danses kassnkais. Nous nous y sommes si fort intéressés qu'à minuit nous applaudissions toujours *Tortillard* et ses femmes, ainsi que le gai et sympathique *Kani Moussa*.

Cette nuit-là, j'ai rêvé du roi Sambala et de ses belles almées.

Les femmes kassonkaises sont renommées pour leur grâce et la noblesse de leur démarche, qu'elles doivent à l'usage de porter sans fléchir de lourds fardeaux sur la tête. Cette renommée n'est pas surfaite. Leurs yeux sont noirs comme du jais, brillants comme le diamant; de longs cils, aussi luisants que des plumes de corbeau, des traits réguliers et pleins de douceur, des formes élégantes et gracieuses; les contours de leur visage sont pleins d'une douce harmonie, leurs cheveux sont disposés en casque sur le haut de la tête avec un goût qui ferait le désespoir de nos artistes, et exciterait la jalousie de nos mondaines. Tels sont les avantages que la nature leur a prodigués et que font encore ressortir une naïveté qui n'est qu'apparente, la décence de leur mise et une recherche de propreté que trop souvent on souhaiterait aux naturels du bas Sénégal.

Elles se marient généralement sans dot, et cette coutume ne contribue pas peu à bannir le célibat, qui est tout à fait inconnu dans ces contrées.

On se demande comment ces *barbares* passent le temps, privés qu'ils sont de journaux, de cafés, de spectacles, n'ayant ni métiers à apprendre, ni places à courir, ni fonctions à remplir? N'en prenons aucun souci. Les journées sont trop courtes, car sans cesse ils remettent au lendemain. Les hommes cultivent la terre, récoltent pour la saison des pluies, construisent et réparent leurs cases, fabriquent des sabres, des couteaux, des ornements pour leurs chevaux. Les femmes élèvent les enfants, préparent les repas, tressent les nattes, partagent les soins à donner aux troupeaux, et, comme ailleurs, se livrent aux détails du ménage. Ils ont, outre cela, leurs jours de fête, leurs chants, leurs jeux, leur musique.

Ce qui reste de temps est employé à de longues causeries, à des *palabres*, soit groupés à la porte d'une case, soit assis en rond à l'ombre d'un fromager ou d'un baobab. Au plaisir qu'ils y prennent, à la vivacité de leurs gestes, au jeu de leur physionomie, et surtout aux éclats bruyants de leur joie, on peut présumer que ce passe-temps a pour eux un grand charme, et qu'ils excellent dans l'art de raconter.

D'après cela, on concevra qu'on les peut aborder sans crainte. L'appétit assaisonne leurs mets, et la tempérance conserve leur santé. Ils ignorent la plupart de nos maladies ; celles qui les attaquent sont légères, ce qui fait qu'ils n'ont point encore créé d'hôpitaux ni de facultés. On me croira sans peine lorsque j'affirmerai que je n'ai rencontré chez eux ni médecin, ni apothicaire. J'ai vu plusieurs vieillards de plus de cent ans.

L'esclavage existe, mais il est doux : point de cachots, point de chaînes, point de bâtons, point de mauvais traitements. Lorsqu'il y a peu à faire, là où l'on possède peu et où les désirs sont bornés, l'esclave a bien peu à envier au maître.

Je souhaiterais à plus d'un homme libre de nos climats l'esclavage chez les habitants du centre de l'Afrique.

Tels sont les lieux, tels sont les peuples depuis Médine jusqu'à Timbouctou, qui vont bientôt subir le *joug* de notre civilisation moderne. (*Joug* et *civilisation*, mots qui hurlent de se trouver ensemble ! C'est qu'en effet notre civilisation n'en est pas une !) Quelle différence avec certains habitants de la côte d'Afrique, pour la plupart insociables, fourbes, pleins de rudesse et de méchanceté !

Mais étaient-ils tels dès le principe ? Ne les avons-nous pas faits ainsi ? Si les Européens, dès le début de leurs relations, les avaient traités avec justice et humanité ; s'ils leur avaient envoyé des législateurs, des sages, ils auraient quelque droit de se plaindre ; mais que pouvaient-ils espérer d'avides traitants, de pirates, de corsaires, négriers, de matelots voués au vice et à la brutalité ? Certes, de tels apôtres n'étaient pas faits pour les convertir, ni pour leur donner une haute idée des charmes de notre civilisation.

Depuis que le blanc a mis les pieds en Afrique, la guerre y est continuelle. Singulière manière de préluder au bonheur de ces populations si faciles, si disposées à subir notre *joug* ! Mais notre *joug* est toujours un *joug*. Ce n'est pas la liberté.

Le 7 août, dès cinq heures du matin, nous partons visiter les chutes du Félou ; nous nous y rendons dans un joli canot que le bon Moumar Diac met gracieusement à notre disposition, avec quatre excellents rameurs. MM. Maréchal et Guiraud, deux de nos compagnons de voyage, sont des nôtres.

Au bout d'une heure, se présente à nos yeux un spectacle vraiment grandiose que le pinceau vigoureux d'un maître pourrait seul rendre : l'eau bouillonnante du fleuve, sur une étendue de deux kilomètres environ, coule sur une pente rapide de rochers, formant ici de belles cascades, là des chutes remarquables, en faisant un bruit effrayant. Je dis deux kilomètres de largeur, elles ont peut-être davantage !

Qu'on se figure cette masse d'eau écumante, roulant sur un pareil plan de roches, et le lecteur pourra se faire une faible idée des chutes du Félou. De loin, elles ressemblent à une immense plaine couverte de neige; l'illusion est frappante. Le bourdonnement de la cataracte se fait entendre jusqu'à Médine.

Aux basses eaux, le spectacle est plus imposant encore; le lit du fleuve est beaucoup plus bas, et par conséquent la chute des eaux plus prolongée, plus bruyante.

Nous mettons pied sur la rive gauche; nous la visitons aussi loin que possible. De place en place, nous rencontrons de nombreuses inscriptions, le nom des voyageurs et ceux des officiers composant la colonne de Faidherbe en 1857. Nous marchons sur un lit de roches plates qui, dans quelques jours, sera recouvert par les eaux; il nous faut avancer avec précaution, car le terrain est glissant, et l'on risquerait en tombant de se noyer dans une des nombreuses et profondes piscines creusées dans le roc par les eaux. Si cette crainte ne nous avait arrêtés, nous nous serions peut-être plongés dans ces baignoires naturelles qui semblaient nous y inviter. Nos guides prétendent qu'elles communiquent entre elles, qu'il y a des courants qui les rendent dangereuses. Elles sont très rapprochées les unes des autres.

Après cette excursion sur le côté gauche, nous faisons un frugal repas près d'un endroit qui est le chemin de halage par lequel les indigènes transportent au-dessus des chutes, avec un mal infini, des chalands de toutes les grandeurs qui vont rejoindre le fleuve.

Nous étendons notre vin avec l'eau des chutes, et nous portons un toast aux Français *éparpillés* sous ce meurtrier climat.

Ensuite nous continuons notre excursion sur l'autre rive ; nous traversons le fleuve. De ce côté, ce ne sont plus des roches plates, mais des blocs énormes de rochers superposés les uns sur les autres, qui nous obligent à faire une véritable ascension. Les rochers sont d'un noir si brillant qu'on les dirait cirés à la mine de plomb. La couche noire est peu épaisse et très dure ; c'est du fer avec lequel les indigènes confectionnent leurs couteaux, leurs pointes de lance et leurs instruments de labour. Nos guides nous montrent des échantillons très originaux fabriqués avec ce fer. Le dessous de la couche ressemble à du grès, mais beaucoup moins friable.

De place en place, sur des plateaux, nous rencontrons des piscines desséchées beaucoup plus grandes que celles de la rive gauche ; nous y descendons : ce sont de véritables cavernes, à plusieurs compartiments, contenant une collection de petites pierres veinées de plusieurs couleurs. Une de ces piscines avait au moins 5 mètres de profondeur. Nous parvenons presque au milieu des chutes ; nous jouissons là de toute la beauté du spectacle.

On dit que les chutes de Gouïna, à quelques milles du Félou, sont plus grandes et plus imposantes.

Entre Médine et Gouïna il y a au moins une douzaine de barrages composés de roches.

Le temps passe vite ; le soleil nous oblige à quitter cette contrée si pittoresque et à nous rembarquer. Le courant est si rapide que nous sommes de retour à Médine au bout d'un quart d'heure. Notre excursion était ainsi terminée.

La *Falémé* devant bientôt partir, nous nous disposons à revenir à Kayes en embarcation. Nos hôtes viennent nous conduire jusqu'à la berge, et nous leur faisons nos adieux. Adieu, Moumar-Diac ! adieu, braves et hospitaliers indigènes !

Nous laissons à Médine nos deux compagnons de voyage, MM. Maréchal et Guiraud, retenus par leurs occupations commerciales.

A un mille de Médine, nous traversons à toute vitesse le fameux passage des *Kippes*, véritable rapide, accompagné de remous dangereux, qui coule entre deux murailles de rochers de 15 à 20 mètres de haut. Dans ce passage, il a été constaté des courants accidentels tels que les avisos de l'Etat n'ont pu les remonter dans des conditions de marche qui leur auraient fait atteindre cinq nœuds en eau calme.

Depuis le Félou, les berges sont formées de roches très grosses, au milieu desquelles poussent des arbres dont la vigueur étonne : leurs racines nues serpentent le long des roches jusqu'à l'eau.

Du côté de Médine, le passage des *Kippes* se termine par un coude des plus dangereux, à la descente, c'est le coude d'Alenkané.

Les *Kippes* ont aussi des contre-courants dont il faut se méfier ; ainsi, si l'avant d'un bateau s'y engageait il pivoterait comme une toupie et courrait les plus grands dangers ; il est prudent de rester le plus possible dans le lit du courant.

Peu avant d'arriver à Kayes, nous passons près du vapeur l'*Éclair*, de Saint-Louis, échoué sur des rochers, dans ces parages, en 1884; on voit encore sa cheminée et son mât. Tout l'équipage fut sauvé, sauf un chauffeur que dévorèrent les caïmans.

Au bout d'une heure dix minutes, nous entrons à Kayes. La *Falémé* est sous vapeur, son départ a lieu le 9 août, à huit heures du matin, en même temps que le remorqueur l'*Anna*. Nous stationnons un jour à Bakel, pour charger des gommes dites *de Galam*, nous faisons route ensuite pour Saint-Louis, sans nous arrêter.

J'aurais désiré compléter mes renseignements sur Podor et Dagana que j'ai à peine entrevus; ils trouveront leur place dans une étude spéciale sur les peuplades de la Sénégambie[1].

---

[1]. Du même auteur, en préparation : *Une étude sur les peuplades de la Sénégambie : Peuls* (cause de leur émigration au bas Sénégal), *Toucouleurs, Trarzas, Sérères*, etc., suivie de renseignements et documents sur la Côte des Esclaves.

Un vocabulaire français-ouolof-arabe, avec prononciation littérale de l'arabe.

Aux bords du Niger, relation de voyage.

Une grande carte du Sénégal et dépendances par MM. Largent et Foret, comprenant : une carte d'ensemble de l'Afrique occidentale, depuis le cap Blanc jusqu'à Free-Town (Sierra-Leone) et de Saint-Louis à Timbouctou. Quatre annexes : 1º Le chemin de fer de Dakar à Saint-Louis (premier et deuxième arrondissements); 2º une carte marine du fleuve le Sénégal, indiquant les passages, les fonds de sable, de vase ou de roches; les coudes, et tous les villages jusqu'à Médine, point extrême de la navigation; 3º nos possessions du golfe de Benin; 4º nos possessions de la Côte d'Or et de la Côte d'Ivoire.

Cette carte est la plus complète qui ait été faite jusqu'à ce jour; elle est appelée à rendre de grands services.

Le 13 août, à une heure de l'après-midi, nous arrivons à Saint-Louis, fatigués, mais surtout enchantés de ce voyage qui s'est accompli dans les meilleures conditions.

AUGUSTE FORET.

POSTES DU HAUT FLEUVE

Voici quelques renseignements complémentaires sur les postes fortifiés au delà de Médine :

Bafoulabé, dans le Bambouck, au confluent du Bafing (rivière noire en langue mandingue) et du Bakhoy (rivière blanche), formant le Sénégal, est à 133 kilomètres de Kayes. Ce fort a été commencé en 1879, pendant la campagne du capitaine Galliéni.

Badumbé, sur le Bakhoy, dans le Gangaron, est à 320 kilomètres de Kayes; il a été commencé en 1881, pendant la campagne Borgnis-Desbordes, lieutenant-colonel d'infanterie de marine.

Kita, dans le Fouladougou, est à 420 kilomètres de Kayes, à 1,250 kilomètres de Saint-Louis et à 140 kilomètres du Niger, sur un plateau qui commande à toutes les routes qui s'y croisent. Il a été construit en 1881.

Koundou, dans le Bélédougou, est à 460 kilomètres de Kayes; il a été commencé pendant la campagne 1883-84.

Bamakou, sur le Niger (Djoliba), et dans le Manding, est à 560 kilomètres de Kayes, sur un vaste plateau, au pied d'une chaîne de montagnes.

Niagassola, dans le Manding, est à 110 kilomètres de Kita, vers le sud, et à 140 kilomètres de Bamakou.

Tous ces forts sont armés de canons et possèdent une légère garnison. Ils ne peuvent être pris que par la famine. Il serait nécessaire de les relier entre eux par des routes praticables à l'artillerie et aux chariots de transports.